中央高校基本科研业务费资助
项目名称：WTO 规则对低碳经济的约束与激励（编号 N120314001）

WTO 规则对低碳经济的约束与激励

Restriction and Incentive of WTO Rules to Low-Carbon Economy

王　森　著

东北大学出版社
·沈　阳·

图书在版编目（CIP）数据

WTO规则对低碳经济的约束与激励 / 王森著. —沈阳：东北大学出版社，2014. 6（2024. 1 重印）
ISBN 978-7-5517-0612-4

Ⅰ. ①W…　Ⅱ. ①王…　Ⅲ. ①气候变化—影响—经济发展—研究 ②世界贸易组织—贸易协定—研究　Ⅳ. ①F061. 3　②③F744

中国版本图书馆CIP数据核字（2014）第124092号

出 版 者：东北大学出版社
地址：沈阳市和平区文化路3号巷11号
邮编：110819
电话：024—83680267（社务室）　83687331（市场部）
传真：024—83680265（办公室）　83687332（出版部）
网址：http：//www. neupress. com
E-mail：neuph@ neupress. com
印 刷 者：廊坊市新阳印刷有限公司
发 行 者：东北大学出版社
幅面尺寸：145mm×210mm
印　　张：7. 375
字　　数：177千字
出版时间：2014年6月第1版
印刷时间：2024年1月第2次印刷
组稿编辑：刘振军
责任编辑：姚　旭　郎　坤　　责任校对：叶　子
封面设计：刘江旸　　责任出版：唐敏智

ISBN 978-7-5517-0612-4　　定　价：36. 00元

序

欣闻王淼博士出书，我作为她的博士生导师，欣然命笔为之作序。

书的题目是《WTO规则对低碳经济的约束与激励》，这是一个极具时代意义与深刻内涵的主题，引起了人们普遍、深切的关注，甚至可以说是焦虑和担忧，自然也成为国际法的焦点问题与学术研究的对象。

王淼的这本书，选取这样一个主题，其学术价值与现实意义是不言而喻的。更重要的是，在书中，她确实拿出了实实在在的内容与研究成果。

首先，是厘定了低碳经济的内涵与意义。低碳经济是在气候变化背景之下诞生的一种新兴的环保型经济发展模式，这种经济发展模式涉及技术创新、经济、政治、法律、发展战略等多方面的问题。低碳经济是国际政治博弈、经济较量和道德审视的新焦点。从大国的角度说，实施低碳经济，是维持、巩固、谋求大国地位的新起点。低碳经济在全球范围的兴起必将对世界政治、经济的发展格局产生深远的影响。

接续的问题是阐释WTO与低碳经济的关系，即WTO是如何约束、激励低碳经济的。WTO是构建当前国际经济贸易秩序的“主体建筑”，是全球经济运行的重要制度和法律框架，低碳经济措施在WTO中的合法性，以及WTO规则对低碳经济有哪些约束与激励机制、规则，直接关系到各国的低碳经济措施能否在国际贸易和国际经济层面实施。从中国的角度来说，我国要打造和争取自己在WTO框架下的低碳经济话语权，使我国的低碳经济措施能够行得通，使外国对我国的低碳经济发展的“围追堵截”受到痛击。

本书选取了五个方面的低碳经济措施——相同产品问题、GATT第20条一般例外、碳关税、所得税优惠与补贴以及碳标记——为研究对象，从制度、法律以及司法层面总结、梳理这些措施的运作机理，分析、探讨和展望它们在WTO法中如何运作，以及如何取得、发展其正当性，探讨WTO规则对低碳经济的约束与激励机制。

在我看来，这些都是主干性的措施、规则及应用，我相信这本书会在适当的读者群中引起兴趣与反响。我衷心祝贺本书的出版，希望王淼博士能够再接再厉，与时俱进，把对这一主题的研究继续下去，因为我们很清楚，问题还在继续，研究也未看到穷期。

那　力*

2013年11月

---

* 那力（1949—），女，吉林大学法学院教授，博士生导师。研究方向：国际经济法、国际环境法、国际税法。

目　录

第一章　导　论

第二章　低碳经济语境下的“相同产品”与“一般例外”：变化与演进

第三章　碳关税——边境调节税研究

第四章　所得税优惠与补贴

第一章 导论

第一节 低碳经济的内涵和意义

低碳经济在世界范围内方兴未艾。低碳经济是一种正在兴起的经济模式，其核心是在市场机制基础上，通过制度框架和政策措施，推动提高能效技术、节约能源技术、可再生能源技术和温室气体减排技术的开发和应用，促进整个经济、社会向高能效、低消耗和低碳排放的模式转型。低碳经济是符合现代经济需求、环境保护和人类可持续发展的新型的经济模式。它的特点包括以下几方面。

① 新型的能源开发与利用模式：能源高效利用、清洁能源开发；

② 新型的技术模式：能源技术和减排技术创新；

③ 新型的产业结构；

④ 新型的经济、社会制度模式；

⑤ 新型的人类生存与发展观念。

“低碳经济”的兴起与气候变化、能源短缺问题有关。它要求在可持续发展理念指导下，通过技术创新、产业转型、新能源开发、制度创新等手段，尽可能地减少煤炭、石油等高碳能源消耗，减少温室气体排放，达到经济社会发展与生态环境保护双赢。它以低能耗、低排放、低污染为特征，以实现经济社会的可持续发展为目的。所以，低碳经济首先是一个技术创新问题，又是一个经济问题，也是一个发展战略问题，以及政治、政策、法律问题。

从国际视角看，“低碳经济”是一个集气候变化、能源危机、环境保护、国际贸易、可持续发展问题于一身的新问题。低碳经济在全球范围的兴起必将对世界政治、经济格局的发展产生深远的影响。从各方面考虑，中国必须有自己的低碳经济发展战略，必须打造和争取自己的低碳经济话语权。

低碳经济已经成为世界经济、政治、法律的重大话题，成为国际博弈的战场。低碳经济、绿色、环保、低碳、减排已经成为世界性话题，进入了各国和国际经济、政治、外交、贸易、安全政策等领域，并将长期持续。发展低碳经济，既是大国竞争的新焦点，也是维持、巩固、谋求大国地位的新起点。

西方发达国家往往以减排、生态保护为借口，限制别国发展，通过技术壁垒推行贸易保护主义，而且，他们在很大程度上掌握着话语权和新的国际规则的制定权。各国应对气候变化问题的努力和博弈，将使国际政治经济格局发生变化，从而改变和重塑国际政治经济关系。不同利益、立场的国家将会形成不同的利益群体和集团，改变国际政治、外交格局。低碳经济将影响国际产业布局和国际贸易，排放权交易成为国际贸易的新领域。

低碳经济正在演变、塑形为低碳国际政治，它是在全球化趋势下对环境要素和自然资源的再分配，是新技术革命背景下对经济和政治利益的争夺。争取绿色经济“主导权”，谋取更多政治“话语权”，正在成为国际竞争的一股新潮流。

低碳经济的来临，使我们必须对与其相关的国际国内政治、经济格局有清晰的认识。气候变化、全球环境问题对各国能源结构和能源效率不断提出更高的要求，中国作为《京都议定书》的核准国，必须改变高能耗的经济发展模式和消费模式，采取有效的节能减排措施，降低气候变化和全球变暖的负面影响。

低碳经济的蓬勃兴起和全球环境治理要求全球的政治互信、经济合作和技术援助，这对我国来说，既是一个转变经济发展模式进行技术革新和产业结构升级的机遇，也对我国的外交能力、经济实力、国际法律及诉讼能力等形成新的挑战。如果我国的低碳经济成果显著，必将有利于我国在国际社会中树立环保大国的形象，提升我国的国际政治地位；反之，如果我国承受不了外部环境压力，在低碳经济的国际竞争中败下阵来，则会对我国的国际形象和地位形成负面影响。

总之，面对全球低碳经济时代的到来，中国必须积极应对，要在国际经济政治的博弈中，在国际法的框架中，谋求发展和话语权。有关数据表明，中国政府在提高能源利用率方面取得显著成效。一般来说，在工业化的初级阶段，能源消耗的增长率大于国内生产总值（GDP）的增长。1980—2007年，我国二氧化碳排放量年均增长率为5.4%，即GDP碳排放强度（生产单位GDP排放的二氧化碳）呈较大幅度的持续性下降。按照这种趋势发展，我国未来20年的低碳经济目标，即到2030年经济再翻两番，碳排放总量控制在40亿吨/年以内，是很有可能实现的①。

我国政府在注重国内减排的同时，还要不断提高在国际法中的诉讼能力和技巧。以WTO为主要框架的国际经

① 曹宁．气候变化：中国的困境、机遇和对策［M］//荣湘．全球大变暖：气候经济、政治与伦理．北京：社会科学文献出版社，2010：505－506.

济秩序，以及以《京都议定书》等为代表的国际环境秩序，对我国的外贸进出口、资本进出口乃至国内的经济、社会发展影响巨大。中国要在低碳经济中抓住机遇，迎接挑战，打造和争取自己的话语权。我们需要应对诸如贸易与环境、贸易与公共健康、环保政策与补贴、对发展中国家和可持续发展的支持等问题。在战略选择、政策应对、话语打造上，既要维护我国的利益与权益，又要符合国际规则，要在我国的国家利益和国际社会对我们的压力之间找到适当的平衡点。

第二节

低碳经济与 WTO 规则

当今世界上最重要的多边贸易体 WTO 对低碳经济有重要影响。低碳经济，特别是涉及国际贸易问题时，一方面会受到 WTO 规则的约束、限制，另一方面也可以在 WTO 规则中找到激励。同时，低碳经济对 WTO 规则是一种挑战，也是一种发展和促进，各种低碳经济措施，如碳关税、低碳补贴、碳标记，能够唤起对 WTO 中一些问题的深入探讨，如相同产品的界定、环境补贴的去留等，也有可能改变 WTO 的某些规则。

WTO 是构建当前国际经济贸易秩序的“主体建筑”，是全球经济运行的重要制度和法律框架，搞低碳经济不能不受到 WTO 的制约。例如，各国往往推出对低碳产品、低碳经济的所得税优惠以刺激其发展，但这因极易构成补贴而不能奏效反而会受到惩罚；再如，推行碳标记有利于提高消费者的环保意识，使低碳产品畅销，这是新一代环保机制，但在国际贸易中往往因为进口产品碳里程长，而被视为对进口产品的歧视。WTO 规则对低碳经济的影响涉及国家的宏观经济政策，也影响到微观层面的企业行为，还会影响到人们的生活。比如，如果实行碳关税，可能会造成众多的出口企业倒闭，千百万人失业和生活水平下降。

WTO 规则对低碳经济的影响主要体现在以下一些问题上。

（1）相同产品。国民待遇的适用对象是相同产品，其他要素相同而碳含量不同的产品是否是相同产品，关系到对某些进口产品能否实行国民待遇。目前，相同产品的通常判断标准有四类：物理属性、最终用途、消费者偏好、关税分类。这四类标准均与碳含量无缘，因为这四类标准均是与产品的物理性质或使用价值有关的标准，而碳含量通常不会体现在产品的物理性质和使用价值当中，因而不易被消费者察觉。基于产品物理性质的界定方法，碳含量很难成为界定相同产品的标准，这为以碳含量为基础的低碳经济措施获得国民待遇的正当性设置了一个基础性的障碍。这个问题亟须探讨，也需要改变，甚至可以说在低碳经济语境下，是会改变的。

（2）禁止性补贴。SCM 协定规定的禁止性补贴是 WTO 遏制、打击最为严厉的违法性行为，因其直接造成对出口贸易的扭曲。禁止性补贴包括直接的出口补贴和间接的进口替代补贴，二者均与低碳经济有关。低碳经济发展的初始阶段，政府往往会对企业进行技术上、设备上的资金资助，这已经成为相当普遍的现实。政府补贴低碳经济，可以直接给予企业资金，也可以间接给予税收优惠、贷款优惠等有利条件，从而鼓励企业从事节能减排的研发、生产、经营等活动。政府的补贴可以直接给予出口产品，也可以给予适用当地低碳技术的国内产品，这两种情况均有可能遭到 WTO 的禁止性补贴之诉。暂且不考虑低碳补贴措施的目的的合法性，仅从补贴措施本身的特征判断，其很容易符合禁止性补贴的特点，落入 WTO 违法之诉的范畴。

所得税优惠激励是低碳经济补贴的一种主要手段。我国已出台 4 大类 30 余款税收优惠政策与措施，鼓励低碳经济的发展，其中所得税优惠措施占有重要的地位。依据先前的 WTO 学理对税收的理解，所得税优惠可以规避 GATT 第 3. 2 条对歧视性征税的管辖。但是，新近 WTO 对所得税等直接税的态度，使得所得税优惠这种主要低碳经济措施很容易受到歧视性征税的审视。同时，从税收优惠与补贴的关系角度审查，所得税优惠作为一种主要的低碳补贴措施，更加容易落入 WTO 禁止性补贴的范畴。

然而，各国政府对低碳经济的支持——美国奥巴马的能源新政也好，中国的科学发展观及其低碳经济政策也好，都不可避免地与补贴有关。因此，要在 WTO 的法律框架下发展低碳经济，必须重新审视政府对低碳经济的激励措施与补贴的关系。这正是要研究、要讨论的问题和重要主题之一。

③ 非歧视性要求：GATT 第 1 条、第 3 条、第 20 条序言。WTO 规则对各种低碳经济措施的总体约束是 WTO 的非歧视性要求，非歧视性要求主要体现在 GATT 第 1 条最惠国待遇和第 3 条国民待遇中。WTO 对低碳经济措施的限制还贯穿于第 20 条一般例外中，通过第 20 条序言的规定，对符合第 20 条具体例外的低碳措施进行非歧视性审查，为成员国援引第 20 条例外获得正当性设置一道总括性关卡。

最惠国待遇和国民待遇共同构成 WTO 非歧视条款，其要求成员国实施低碳经济措施时，对不同国家的相同产品，以及与本国产品相同的进口产品，在待遇上必须相同。例如，对来自不同国家的相同铁制品，要征收相同的碳关税，不能基于出口国气候政策的差异而歧视其产品。又如，对本国的低碳产品授予的补贴，不能影响进口相同产品的市场竞争力，否则具有歧视性之嫌。再如，碳标记因为提倡对进口产品和国内相同产品实行差别待遇容易误导消费者对某些产品的判断而被指责。WTO 中的一些争端已经将环境标志看成贸易壁垒，并且成员方之间就此发生了争端，有了案例。

第 20 条序言在适用顺序上位于具体例外条款之后，只有符合具体例外的低碳措施，才有可能进一步接受第 20 条序言的审查，这无疑是 WTO 对低碳经济措施的一种严格检验。如果一项低碳经济措施本身符合第 20 条（b）款、（d）款或（g）款的规定，是实现节能减排、保护环境或人类健康所必需或有关的措施，但是由于措施实施过程中存在武断性、不合理性或贸易歧视性等方面的违法性，该措施最终不能获得 GATT 第 20 条的正当性。

WTO 规则对低碳经济存在着制约的因素，这一点毋庸置疑，然而，WTO 规则对低碳经济也可以成为一种激励或推进，这体现在以下几方面。

（1）GATT 第 20 条一般例外

发展低碳经济，减少碳排放，GATT 第 20 条一般例外是 WTO 法律激励、支持低碳经济的首要法律依据。在国际贸易中限制、禁止非低碳产品进口，往往要引用第 20 条（b）（d）（g）款，而“necessary”一词是适用（b）（d）款的前提，近年来该用语有重要演进和发展，其演进方向是对环境保护措施更加宽容，也可以说是环境友好、资源节约的。第 20 条（d）款“执行与 WTO 不相违背的行政法规”近年来适用增加，如韩国牛肉案、中国汽车零部件案等。发展低碳经济，各国的环保法规肯定会加强，这一条款对低碳产品问题的影响也会更大。

从泰国限制香烟进口案、欧盟石棉案到韩国牛肉案、美国赌博案再到巴西翻新轮胎案，必需标准逐渐宽松，从单一的考虑是否存在替代措施，到权衡考虑保护目标的重要性、对贸易的限制作用、措施与目标的关系等各种因素，这些都说明：WTO 在贸易与环境问题上对公共健康和环境保护的鼓励不断加大，越来越尊重成员国的主权及其环保措施。加之第 20 条（g）款的适用条件比（b）（d）款更加宽松，GATT 第 20 条为低碳经济措施提供了内涵丰富的环境例外条款，是低碳经济措施获得 WTO 法律正当性与合法性的首要根据。

（2）PPMs 问题

PPMs 生产与加工方法是相同产品界定中的新问题，PPMs 标准的探讨使环境因素成为界定相同产品时考虑的新因素。WTO 的判例实践呈现出对 PPMs 标准逐渐承认的发展趋势，这种趋势为以与产品无关的碳含量作为界定相同产品的新标准带来希望。一旦碳含量成为界定相同产品的标准，一些低碳经济措施则具备获得国民待遇正当性的前提条件。基于产品碳含量不同而征收不同的碳关税，则不会轻易被判定为违反国民待遇规定。

WTO 已经详细讨论过消费者信息标志的使用，允许 PR-PPMs 或 NPR-PPMs 作为标签要求的基础。WTO 对 PPMs 问题展开的探讨与研究，是对低碳经济的一种鼓励。

（3）环境补贴

SCM 协定中的环境补贴属于一种不可诉补贴，与禁止性补贴形成鲜明对比。环境补贴主要是政府出于环境保护的目的而给予企业的各种财政资助，如税收优惠、低息贷款等。环境补贴本身具有理论正当性和现实意义。从理论角度说，环境成本内化是发展低碳经济的必由之路和主要手段。环境成本内化的过程涉及技术革新和产业升级，大大加重了企业的经营成本。为了减轻企业负担，加快低碳经济的发展，政府需要对企业进行环境补贴。实际上，各国政府对企业的节能减排设备和技术存在大量补贴，环境补贴的存在已经有一段历史了。早在 1975 年，日本政府便对企业进行直接和间接的环境补贴，技术研发企业可以享受政府的贷款优惠。又如，1974 年，联邦德国出资 9 亿马克作为资金补贴，帮助修建 184 个污水处理厂①。

环境补贴的理论和实践，作为低碳经济措施，尤其是以碳含量为基础的各种优惠措施，在 WTO 规则中为低碳经济打开了一扇合法性之窗。如果一国的低碳补贴措施表面上符合禁止性补贴的要件，则措施实施国可以考虑援引环境补贴例外，为其措施争取正当性。WTO 对环境补贴存留的探讨与谈判仍在继续，这从某种意义上暗示了 WTO 对低碳经济、环境保护存在一定的激励性考量与空间。然而，反补贴是贸易救济的主要手段，在 WTO 中地位和作用极为重要，包括环境补贴在内的多种补贴形式不会轻易取得合法性而获得在 WTO 内的通行证，何况，一款低碳补贴能否构成环境补贴要证明起来还是有相当难度的。可以看到，在 WTO 的历史中，还没有一个运用环境补贴的案例。

（4）多边环境协定

目前，世界上存在 200 多个多边环境协定，如《联合国气候变化框架公约》《联合国生物多样性公约》等。多边环境协定为低碳经济提供了法律支持，低碳经济的核心目标是节能减排、保护环境、防止气候变化，此环境友好

① 邓可祝．环境补贴研究［J］．特区经济，2007（2）：135.

型核心目标与多边环境协定的精神实质相一致。

学术界对处理多边环境协定相对于 WTO 规则的关系提出一种特别法优先原则①。多边环境协定相对于 WTO 规则，是一种特别法，根据特别法优先原则，多边环境协定具有优先于 WTO 的适用性。对一款低碳经济措施进行考察，首先要考虑其是否符合多边环境协定的规定，然后才考虑其是否违反 WTO 规则。而且，WTO 判例实践中具有鼓励多边环境协定优先适用的实例。在美国海龟海虾案中，从上诉机构的裁决中可推知，WTO 争端解决机构希望美国与相关国家首先达成多边环境协定，解决基于环境保护的贸易限制措施②。

多边环境协定为低碳经济措施在接受 WTO 贸易审查之前提供了一种环境法律的保护，WTO 对多边环境协定的态度是鼓励低碳经济发展的又一机制。

（5）非强制性信息标志

碳标记则属于环境治理的第三代机制——信息标志机制，与控制—命令型行政管理机制与使用市场经济工具等前两代机制相比，第三代机制的突出优点是自愿采用。碳标记是一种环境标志、生态标志、消费者信息标志，它为消费者了解其所买的商品对环境的影响提供了一个简单易行的方法。消费者基于其自身的价值观，如低碳、环保等，能够理解信息的潜在含义。这直接与透明、民主、责任相联系。目前的碳标记相关立法均是自愿的，各国尚无

---

① 国际法中的特别法优先原则，是指如果一个条约的所有成员方同时都是另一个特别法性质的条约的成员方，那么后者的效力将优于前者。参见：那力，何志鹏. WTO 与环境保护［M］. 长春：吉林人民出版社，2002：178.

② WTO Appellate Body Report. United States：Import prohibition of certain shrimp and shrimp products（US：Shrimp）［Z］. WT/DS58/AB/R，adopted on 6 November 1998，paras 163 – 181.

要求企业必须进行标注碳标记的强制性立法。由于 GATT 第 3.4 条以及 TBT 协定所规制的技术法规均是强制性规范，因此碳标记的自愿标注特点使其更容易获得 WTO 合法性支持。

（6）价值判断的层级倾向性

WTO 法理与实践对一项争议措施进行评价与判断时，考虑到了价值层级问题。就低碳经济与 WTO 规则的关系而言，对国内规制措施进行价值衡量时，主要集中在比较分析节能减排、人类健康风险等环境因素与贸易自由因素孰轻孰重的问题上。早在 1969 年，John H. Jackson 教授在其有关 GATT 的著作中就提到：国际经济制度面临着一个永恒的难题，即如何给予国家政策目标准确的合法性范围，才能防止其在实现特殊利益，如环保、人权等的同时，不以牺牲更大的全球福利为代价①。基于环境、人权等重要利益与价值的保护而实施的国内规制措施，是国家管理权能的重要体现。上诉机构已经多次强调，WTO 成员方具有设定任何保护水平的特权，只要他们认为这种标准是适当的，这符合 WTO 的法理学②。经过几十年的不断发展，GATT/WTO 法理学中探寻国家环保自治权与贸易自由化之间平衡的声音仍然不断。近年来，随着气候变化、低碳减排等环境问题与自由贸易的关系日趋紧张，国际经济法领域的领袖级学者不同程度地批判过 WTO 的裁

---

① Jackson John H. World trade and the law of GATT [M]. Indianapolis: The Bobbs-Merrill Company, 1969: 788.

② Du, Ming Michael. Autonomy in setting appropriate level of protection under the WTO law: rhetoric or reality? [J]. Journal of International Economic Law, 2010, 13 (4): 1078.

决对国家管理优先权的不适当侵犯①。

发展低碳经济的各种措施，其法律与法理依据均包含国家管理权理论，其中的法理价值涉及环境、人权等重要理念。学术界对 WTO 规则与国家管理权问题的态度存在一种倾向，即贸易自由需要对环境保护作出让步。类似倾向在 WTO 判例实践中可以找到痕迹。通过对 WTO 案例判决的仔细研读可以发现：相同或相似的限制措施，由于保护目标在价值层级上的差异，会导致 WTO 争端解决机构的不同态度。

韩国牛肉案中的裁决与欧共体石棉案中上诉机构的立场形成鲜明对比。韩国牛肉案中，韩国政府强调其双重零售体制是为了防止欺诈，维护公平的市场竞争秩序，而上诉机构反复强调，韩国应当采用专家组建议的传统措施，如罚款、不良记录、监管等，建议韩国取消双重零售体系②。欧共体石棉案中，法国措施所要保护的潜在的合法价值是人类的健康及安全。在陈述这个规制目标时，欧共体认为，禁令的目标是保证石棉的风险为零，例如，“阻止”与石棉有关的健康风险的扩散。上诉机构对欧共体的观点表示支持③。可见，两案中上诉机构的态度具有相当

① Sykes Alan O. Domestic regulation, sovereignty, and scientific evidence requirements: a pessimistic view [C] //Bermann George A, Petros C Mavroidis. Trade and Human Health and Safety. Cambridge: Cambridge University Press, 2006: 257 – 270. Mavroidis Gisele. A critique of the WTO jurisprudence on necessary [J]. International and Comparative Law Quarterly, 2010, 59 (1): 89.

② WTO Appellate Body Report. Korea: Measures affecting imports of fresh, chilled and frozen beef (Korea: Beef) [Z]. WT/DS/161/AB/R, adopted on 11 December 2000, para 178.

③ WTO Appellate Body Report. European Communities: Measures affecting asbestos and asbestos-containing products (EC: Asbestos) [Z]. WT/DS135/AB/R, adopted on 5 April 2001, para 172.

的反差。究其原因，不难发现：韩国“双重零售”体系所保护的价值是消费者的利益，例如，防止欺诈商将进口牛肉当作韩国本土牛肉出售。这种保护不是针对人类健康或安全的，而是针对不诚实的商业行为的。此经济性利益与石棉案中欧共体所保护的人类健康风险相比显得逊色。人类健康与经济利益相比，显然属于更高层级的价值利益。

类似情况还包括：多米尼加共和国香烟案中，上诉机构对多米尼加基于防止逃税而采取的印花税措施持否定态度①；而巴西翻新轮胎案中，上诉机构对巴西基于预防人类健康风险的目标而采取的进口禁令持支持态度，上诉机构找出各种理由否定了可能的替代措施②。

无论上诉机构基于何种法律依据或逻辑推理，其客观态度的差异性是毋庸置疑的。这说明，上诉机构对成员方的管理措施进行价值判断时，在价值层级上具有明显的倾向性。环保、人权等生死攸关的利益价值是第一位的，贸易自由、经济利益、公平竞争等利益价值则次之。对于关键性价值较高的利益，例如，人类的健康或安全，或者环境保护，上诉机构倾向于尊重成员的国内措施，并且倾向于认为为了实现零风险而严格实施的措施是必需的，即使该措施对进口造成十分沉重的负担。WTO 学理对国家管

① WTO Appellate Body Report. Dominican republic-measures affecting the importation and internal sale of cigarettes（Dominican Republic：Cigarettes）［Z］. WT/DS320/AB/R, adopted on 25April 2005, paras 60 – 72.

② WTO Appellate Body Report. Brazil：Measures affecting imports of retreaded tyres（Brazil：Retreaded Tyres）［Z］. WT/DS332/AB/R, adopted on 3 Decemeber 2007, para 211. Du Ming Michael. Autonomy in setting appropriate level of protection under the WTO law：rhetoric or reality? ［J］. Journal of International Economic Law, 2010, 13（4）：1098 – 1102. McGrady Benn. Necessity exceptions in WTO law：retreaded tyres, regulatory purpose and cumulative regulatory measures［J］. Journal of International Economic Law, 2008, 12（1）：157 – 159.

理自治权的弘扬，判例实践中对环境价值的倾向，均强烈暗示了 WTO 规则对低碳经济发展的鼓励性态度。从案例对比中可以分析出，同样是国家行使管理权的体现，环境管理权比经济管理权更加受到 WTO 的鼓励。

第二章
低碳经济语境下的“相同产品”与“一般例外”：变化与演进

第一节

“相同产品”与低碳经济

WTO规则中，存在一些有争议的、悬而未决的问题，这些问题直接影响到低碳环保措施能否在WTO规则中获得正当性与合法性，对于国际贸易和环境保护具有重要理论和实践意义。

WTO反歧视规则的适用前提是在相同产品之间给予相同待遇，“相同产品”是解决很多产品贸易纠纷的起点，如国民待遇纠纷、补贴纠纷、倾销纠纷等。问题的核心是，原来意义上的“相同产品”是否因含碳量的不同而成为“不同产品”，还是仍然是相同产品，从而享受相同待遇？与产品无关的PPMs，如碳含量能否作为界定相同产品的标准？这些都是“相同产品”的界定问题。

“相同产品”这一用语（包括相似或相竞争产品），是分析GATT第1.1条、第3.2条和第3.4条中的非歧视义务的关键性概念，对研究发展低碳经济的WTO规则具有同样重要的意义。在WTO的法律及实践中，无论是WTO的法理学讨论还是DSB的裁决报告分析，对“相同产品”的界定虽然一直争执不下，但是却在不断向前发展。这种趋势为基于环境保护的目的引入PPMS标准提供了希望和空间。低碳经济时代，国际贸易中的产品必然会从生产、运输、储存、包装等一系列环节减少碳含量，如果 PPMs，尤其是 NPR-PPMs（与产品无关的 PPMs），成为低碳时代“相同产品”的界定标准，产品生命周期中的碳含量作为界定“相同产品”标准即成为可能。这不仅会减少国际贸易中不必要的摩擦，而且会对 GATT 及其他协定中对“相同产品”的界定提供一种新的方法和视角。

一、相同产品的基本界定方法

WTO 法律规则没有为“相同产品”（like product）的界定提供准确的文本规定，但是在其法律实践中，专家组和上诉机构通过一系列涉及“相同产品”的案例发展出了两种主要界定方法：边境税标准和目的与效果标准。

1. 边境税标准

边境税标准源于 1970 年《边境税调整工作组报告》。该报告第 18 段提出，对“相同产品”的解释要以个案为基础，对产品的不同因素进行客观考察。需要考察的产品因素包括：给定市场中产品的最终用途（the product's end-uses in a given market）；不同国家消费者的品味和习惯（consumer's tastes and habits, which change from country to country）；产品的特性、性质及质量（the product's properties, nature and quality）①。WTO 争端解决机构的案例中，边境税标准加入了第四个要素，即关税分类②。因

① GATT Working Party Report. Border tax adjustments [Z]. L/3464, BISD 18S/102, adopted on 2 December 1970: para 18.

② GATT Panel Report. EEC: Measures on animal feed proteins [Z]. L/4599, BISD 25S/49, adopted 14 March 1978, paras 4.1—4.2. GATT Panel Report. Japan-Customs Duties, Taxes and Labelling Practices onImported Wines and Alcoholic Beverages [Z]. L/6216, BISD 34S/83, adopted on 10 November 1987, para 5.6

此，目前为止，边境税标准包含四个因素：① 产品的特性、性质及质量；② 产品的最终用途；③ 消费者的偏好；④ 关税分类。

边境税标准中的四个考察因素之中，因素①②具有客观性。首先，作为评判产品相似性的要素，产品的物理特性被认为是较客观的标准①。其次，关税分类的文本依据是关税减让表，它依据海关合作理事会1983年的《商品名称及编码协调制度》（The Harmonized Commodity Description and Coding System，简称协调制度）谈判而成，而协调制度中产品的分类主要是其物理属性，包括产品的加工、组装方式、成分、功能等②。协调制度由于对商品分类的客观全面性在国际贸易中得到了各国的广泛认可。

边境税标准中的要素③消费者偏好从产品的销售效果对其进行考察。国际贸易中，将消费者对产品的反应程度作为区分产品的标准之一有其经济学意义。当代经济学认为，国际贸易的发展应该有利于满足不同国家消费者的偏好差异及产品多样化的需求③。但是，消费者的偏好具有显而易见的主观性。由于各国消费者所处的自然环境、人文环境、法制环境、历史文化、经济环境、政治环境等千差万别，所以，各国消费者的对同一产品的偏好必然不尽相同。比如，一种较昂贵的低碳产品在环保意识差的国家可能不被消费者所青睐，而在英国这样环保意识强的国家则可能大受消费者欢迎。这样，虽然物理属性上是同一种产品，但是从两国消费者偏好角度衡量，则是不同产品。

---

① 徐忆斌. WTO协定中的“同类产品”法律问题研究：以GATT第3条为中心［D］. 重庆：西南政法大学，2005：18.

② Irish M. Interpretation and naming：the harmonized system in canadian customs tariff Law［J］. Canadian Yearbook of International Law，1993，31：90－91.

③ 卢锋. 经济学原理［M］. 北京：北京大学出版社，2002：440.

边境税标准中的四个考察要素分别代表了产品的不同层面，有的偏重客观角度，有的主观色彩较浓，有的基于产品本身进行考量，有的关注产品的影响等，而对于四个要素的使用上没有明确的顺序。因此，在进行个案判断时，一定要全面、综合性地对产品的上述四个方面进行分别比较，并进行整体评估，以求对“相同产品”的界定更加准确、公平、合理。正如有学者提出，综合分析方法是认定“同类产品”的基本分析方法①。

2. 目的与效果标准

与边境税标准不同，目的与效果标准主要考察措施在目的和效果上是否为国内生产提供保护。实践中，该标准仅在有限的歧视性征税案例中使用过，并且仅限于对 GATT 第 3 条“相同产品”的解释。如，1992 年的影响酒类饮料及麦芽酒的措施案②，1994 年美国汽车税案③等。

有学者认为，该标准的理论依据在于任何产品不可能在所有方面都完全相似，或多或少都会有一些不同，而这些不同之处对于某种产品来说究竟占有多大的重要性是一个需要自由裁量的问题，从而为政府实施保护措施和歧视政策留下了余地。为了避免这一局限性，应该从第 3 条的宗旨出发，维护自由贸易和限制保护主义，考察进口国政府措施的适当性④。

---

① 陈永钊．从加拿大诉欧盟石棉案看同类产品的认定［J］．今日南国，2008 (10)：128.

② 案件编号：DS23/R－39S/206。

③ 案件编号：DS31/RS。对此案的具体讨论可以参见以下文献：徐忆斌．“特征与比较”抑或“目的与效果”：GATT 第 3 条“同类产品”认定标准之探证［J］．求索，2007（6）：109. 杨小强．论“目的和效果”方法在同类服务认定中的适用［J］．黑龙江省政法管理干部学院学报，2007（2）：59.

④ 张弦，王浩宇．试析 GATT 第三条中“同类产品”概念的界定［J］．知识经济，2008（9）：18.

从 WTO 判例实践来看，该标准主要用于对歧视性征税（GATT 第 3.2 条）中“相同产品”的界定。而 Jackson 教授认为，判断一项税收措施是否具有歧视性分三个步骤：① 产品是否相同（相竞争）；② 征收是否具有歧视性，即是否高于（in excess of）；③ 措施的目的是否是为了保护国内生产（so as to afford protection）。其中，判断措施是否对国内生产提供了保护，主要考察其客观效果，而不问主观上是否有保护意图①。由此可见，目的与效果是作为考察一项国内税收措施是否具有歧视性的最后一个步骤，没必要将其作为第一个步骤“相同产品的界定”的标准，因为即使进口产品与国内产品是相同产品，也需要继续对措施的实施和效果进行考察。

二、PPMs 标准的探讨

在界定“相同产品”的法律实践中，会根据客观情况的发展，吸纳 WTO 及其成员看重的价值，如环保、人权等重大价值。正如在日本酒税Ⅱ案中，上诉机构解释说，“相同”是一个相对性的概念，使人联想到手风琴。随着 WTO 协定不同规定的适用，这一“手风琴”在不同的地方会延展、挤压，其宽度必须据“相同”一词出现的具体条文、上下文以及该条款可能适用的案件的情形确定②。在环保价值的重要性日益凸显，贸易与环保的关系日益紧张的主客观需求之下，PPMs 标准作为界定“相同产品”的环保型标准，引起了广泛的讨论和多样性的结论。

---

① John H Jackson. Legal problems of international economic relations［M］. 4 th ed. Minnesota West Group Press，2007：500.

② WTO Appellate Body Report. Japan：Taxes on alcoholic beverages（Japan：Alcoholic Beverages Ⅱ）［Z］. WT/DS8/AB/R，WT/DS10/AB/R，WT/DS11/AB/R，adopted on 1 November 1996，para 21.

生产和加工方法（process and production methods，简称 PPMs）是指产品制造、加工以及自然资源开采利用的方式，而产品生产和加工方法的特性非产品本身特性①。PPMs 标准考虑的不仅仅是体现在产品成分中的因素，而是考虑产品在生产过程中的环境效应，如对空气的污染程度、对水的污染程度、对物种的威胁程度等。PPMs 标准分为 PR-PPMs 与 NPR-PPMs。前者指与产品性能相关的 PPMs（product-related PPMs），后者指与产品性能无关的 PPMs（non-product-related PPMs）。目前，TBT 协定和 SPS 协定有限地采用了与产品有关的 PR-PPMs。如，SPS 协定规定，SPS 措施应以对人类及动植物的生命或健康的风险评估为依据，而评估所考虑的经济、科学因素中，包括有关生产过程和生产方法、生态及环境条件。但是，前提是 PPMs 标准影响到了产品本身的性能②。

PR-PPMs 与 NPR-PPMs 的主要区别是，后者只是在产品的生产加工过程中造成了环境、生态影响，如为制造皮具捕杀了受保护的动物等，而在产品中没有体现。

现行 GATT 规则尚未将 PPMs 标准纳入“相同产品”的界定之中。也就是说，只要根据边境税标准认定产品相同，即使存在环境负面效应，也忽略不计。例如，从甲国进口的木材和从乙国进口的木材是相同产品，而不管甲国是否破坏了原始森林植被；从丙国进口的象牙产品同本国生产的象牙产品都是象牙产品，而不管丙国是否过度捕杀

---

① 牟文义. WTO 对“相同产品”认定是否要引入 PPMs 标准［J］. 对外经贸实务，2009（2）：36.

② 那力，何志鹏. WTO 与环境保护［M］. 长春：吉林人民出版社，2002：305－306.

了大象①。

从 GATT 时期到 WTO 时期，四个典型的案例体现了 PPMs 标准逐渐被认可的过程。

在金枪鱼－海豚案中，专家组认为，在捕捞金枪鱼的过程中对海豚的伤害不能作为禁止金枪鱼进口的理由，不能影响到自由贸易②。本案中专家组首次区分了金枪鱼的生产和加工方法（捕捞过程）与金枪鱼这一产品本身③。

在欧共体牛肉荷尔蒙案中④，欧共体认为，美国、加拿大出口的牛肉由于含有人工激素，对食用者的健康（尤其是儿童的生长发育）造成严重威胁。因此，禁止进口来自这两个国家的牛肉。虽然欧共体由于证据不足而败诉，但是其采取贸易限制措施的理由表明，与产品有关的 PPMs 标准在国际社会得到关注。这是一个典型的 PR-PPMs（与产品有关的生产方法和过程）规则的案例⑤。

在欧共体石棉案⑥中，专家组首先根据边境税标准对温石棉纤维与玻璃纤维（PCG 纤维）进行比较，结论是二者是相同产品。上诉机构推翻了专家组的这个结论，理由是致癌性或毒性构成温石棉纤维物理特性引人注目的一

① 孙法柏．相同产品与环境影响：以 GATT 第 3 条为核心［C］//环境法治与建设和谐社会：全国环境资源法学研讨会（年会）论文集：第四册，2007：1180.

② 李语湘．PPMs 标准下“相同产品”界定的法律问题：与 WTO 规则的冲突与协调［J］．企业家天地，2009（7）：138.

③ 闻亚鹏，肖涛．浅议 PPM 标准及我国的对策［C］//适应市场机制的环境法制建设问题研究：中国法学会环境资源法学研究会（年会）论文集，2002：764.

④ 朱榄叶．世界贸易组织国际贸易纠纷案例评析［M］．北京：法律出版社，2000：527－543.

⑤ 那力，李海英．WTO 框架中的 PPMs 问题［J］．法学论坛，2002（4）：43.

⑥ 世界贸易组织法律事务部．WTO 争端解决案件概要［M］．朱榄叶，译．北京：法律出版社，2009：106－108，43－44. 案件编号：WT/DS135/AB/R.

个方面[①]。虽然本案中上诉机构没有明确地将健康风险作为判断界定“相同产品”的标准，但是却巧妙地将 PPMs 方法融入边境税标准之中，对 PPMs 标准的适用具有重要的价值。

在美国海虾－海龟案[②]中，美国根据 1989 年国内法 609 条款，禁止进口印度、马来西亚、巴基斯坦、泰国的虾及制成品，理由是这些国家在捕虾过程中未安装海龟隔离器，违反了美国保护海龟这种珍稀动物的人道精神。专家组的结论与金枪鱼－海豚中专家组的结论一致，判定美国的措施违反自由贸易原则。上诉机构虽然最后裁决美国败诉，但是并没有否定美国的措施本身，而是因为该措施不符合 20 条序言的规定，构成了武断、不合理的歧视；至于在海虾捕捞过程中保护海龟的要求，上诉机构予以肯定。对海龟的伤害不会体现在海虾的特性中，所以本案中涉及的是 NPR-PPMs 标准问题，也是上诉机构首次涉及 NPR-PPMs 问题。环境、人权等非贸易因素。有人提议，重新审视“与产品有关的”定义，并通过涵盖“有关但却不能被检查出来的”PPMs 这一概念，从而使该定义更加有弹性[③]。

三、碳含量标准的展望

从 WTO 的司法与案例发展中可以看出，PPMs 标准逐渐被 WTO 法律与实践所接受，NPR-PPMs 的重要性逐渐

---

① 朱榄叶．世界贸易组织国际贸易纠纷案例评析（1995—2002）：上册［M］．北京：法律出版社，2004：91.

② 世界贸易组织法律事务部．WTO 争端解决案件概要［M］．朱榄叶译．北京：法律出版社，2009：43—44.

③ 那力，何志鹏，王彦志．WTO 与公共健康［M］．北京：清华大学出版社，2005：217－218.

为国际社会所承认，“相同产品”的含义变得更加开放，融合了产品的碳含量作为界定“相同产品”的标准，使之能够在 WTO 法中适用，是促进低碳经济发展，协调贸易与环境的紧张关系的一个具有实际意义和深远影响的问题。

产品碳含量，是指产品在整个生命周期过程中，包括从原材料的获取，到生产、分销、使用和废弃后的处理等一系列环节，释放的二氧化碳和其他温室气体的总量。国际贸易中，产品的碳含量不仅包括产品生产过程中的排碳量，还包括运输环节的温室气体排放量。从新西兰运送 1 千克奇异果到英国，会排放 1 千克二氧化碳，假如在英国境内产销，二氧化碳排放量仅为 50 克，相差了 20 倍之多。据国际能源机构（IEA）估计，2004 年由运输引起的温室气体排放占世界与能源相关的温室气体排放总量的 23%。其中，74% 的排放由陆路运输产生，12% 的排放由航空运输产生，8.6% 的排放由海洋运输产生。按每吨·公里的二氧化碳排放来计，空运最多，陆运第二，海运最有能源效率。所以，空运是国际运输温室气体排放的焦点，而新鲜水果蔬菜的供应大多是由空运承担的①。

在当今的时代，全球变暖、森林砍伐、消费者选择、动物福利等，都是 NPR-PPMs 标准的考虑因素。出于节能减排的目的，将产品的碳含量作为区分产品的标准，有其价值合理性。关于具体做法，有学者提出，可以像考虑酒精含量一样地考虑产品中的碳含量②。如在美国麦芽饮料案中，专家组认定酒精含量高低不同的啤酒不是 GATT 第

① 吴洁，蒋琪. 国际贸易中的碳标签［J］. 国际经济合作，2009（7）：82－83.

② Bradly J Condon. Climate change and unresolved issues in WTO law［J］. Journal of International Economic Law，2009，12（4）：909.

3.4 条中的相同产品①。

碳含量标准属于一种与产品无关的 NPR-PPMs 标准，也就是说，出口国的产品不仅需要在质量上符合进口国的要求，而且需要在生产加工过程中达到进口国所要求的温室气体减排量。这对于能源效率低、清洁生产技术较差的发展中国家是一种挑战。保护环境是一国行使主权的体现，WTO 遵循不干涉成员国经济主权的精神。因此，碳含量标准能否成为界定“相同产品”的新标准，将是国际社会博弈的结果。既是环境与贸易之间的价值博弈，又包括发达国家与发展中国家的利益博弈。考量碳含量标准所面临的国际法律环境，应该特别注意以下三个问题。

① 生产环节和运输环节。国际贸易中对“相同产品”碳含量的度量，不应仅着眼于生产加工过程，而忽视了运输过程。国际贸易中，出口商在选择运输工具时首先考虑的是经济利益，而很少考虑对环境的影响。将运输环节的碳含量纳入到界定相同产品的标准中，有利于鼓励国际贸易采用清洁运输方式，从而达到环境成本内化的效果。当然，针对只能采用特定运输方式的产品，如鲜花、蔬菜、活鱼等易腐蚀变质的产品，或急救药品，只能采用空运这种最快捷的运输方式。因此，对其碳含量的界定环节要适当伸缩，富于弹性。

② 微小利益和重大利益。目前，碳含量标准尚未得到 WTO 法律文件或判例实践的正式承认，通常作为一种限制贸易的例外措施，通过援引 GATT 第 20 条获得正当性。20 条，尤其是（b）款和（g）款保护的人类、动植

① GATT Panel Report. United States: Measures affecting alcoholic and malt Beverages (US: Malt Beverages) [Z]. DS23/R－39S/206, adopted on 19 June 1992, paras 5.71－5.73.

物生命、健康以及可用竭的自然资源属于国际社会与人类的两大重要利益——人权与环境。因此，适用碳含量标准来界定的“相同产品”，不仅要考虑产品在生产和运输过程中的客观排碳量，还要考虑其碳排放是否威胁到生命健康及环境，如产品生产国的国内环境急剧恶化或某些人类共同的资源遭受毁灭性的破坏等。

③ 发达国家和发展中国家。根据《联合国气候变化框架公约》中“共同但有区别责任”，实施碳减排应当考虑国家间拥有财富的巨大差距，以及应该适用公平和效益原则①。这项国际环境法原则在 WTO 协定中有所体现。例如，TBT 协定第 12. 4 条规定：“……虽然可能存在国际标准、指南和建议，但是在其特殊的技术和社会经济条件下，发展中国家成员可采用某些技术法规、标准或合格评定程序，旨在保护与其发展需要相适应的本国技术、生产方法和工艺。因此，各成员认识到不应期望发展中国家成员使用不适合其发展、财政和贸易需要的国际标准作为其技术法规或标准，包括试验方法的依据。”因此，碳含量标准在发达国家和发展中国家应当区别对待。

考虑到发展中国家能源效率低下、生产方式落后的现实情况，对发展中国家的碳含量计算可以采取相对值。例如，运输环节的碳含量可以适当减少计入；或者发达国家与发展中国家的产品碳含量的比较基础为 2∶1，即如果发达国家 2 个单位的产品碳含量与发展中国家 1 个单位产品的碳含量相等，则根据碳含量标准，二者才为“相同产品”。

① 那力．国际环境法［M］．北京：科学出版社，2005：126.

第二节

GATT 第 20 条的必需性问题①

WTO 规则中，GATT 第 20 条一般例外对环境资源保护、低碳经济提供有力的支持。其中，第 20 条（a）（b）（d）涉及的是例外的必需性问题，是适用条件较为严格的例外，符合必需性例外的低碳经济措施比符合其他一般例外的措施更容易获得 WTO 的支持。因此，对第 20 条（b）（d）所针对的必需性例外进行研究，有利于我国援引 20 条，为低碳经济措施提供最高的正当性依据，同时有利于提高我国在 WTO 争端解决机构中的应诉技巧。

GATT 第 20 条的规定：

此类措施的实施不得在情形相同的国家之间构成任意或不合理的歧视，不得构成对国际贸易的变相限制，在此前提下，本协定的任何规定不得解释为阻止任何缔约方采取或实施以下措施：

（a）为保护公共道德所必需的措施；

（b）为保护人类、动物或植物的生命或健康所必需的措施；

…………

（d）为保证与本协定不相抵触的法律或法规得到遵守所必需的措施，包括与海关执法、根据第 2 条第 4 款和第 17 条实行有关垄断、保护专利权、商标和版权以及防止

① 那力，王淼．GATT 第 20 条 a，b，d 款及 GATS 第 14 条的“必需”问题：变化与发展［J］．国际贸易，2010（8）：59－64.

欺诈行为有关的措施。①

此外，GATS 第 14 条（a）款与 GATT 第 20 条（a）款类似，均是有关公共道德的规定。GATS 第 14 条（a）款规定“为保护公共道德或维护公共秩序所必需的措施”②。

（a）（b）（d）是第 20 条的重要条款，也是 GATT/WTO 争端解决机制中适用最多的条款之一。因此，如何判定必要性、必需性就成为一个非常重要的问题。又由于（a）（b）（d）三款涉及的价值是公共道德、人与动植物的健康，以及执行不与 WTO 互相抵触的国内法规，越来越引起人们的关注和重视，因此对“必需”如何解读。亦越发关注。而且，应该注意到，通过 WTO 争端解决机构对相关案件的裁决，必需的内容和标准是有变化、有发展的。必须抓住这一问题，进行分析和研究，这样做的学理研究意义和实践指导意义应该是不言而喻的。本章旨在通过案例研究，总结必需性例外的发展历程及趋势，为低碳经济措施援引一般例外而获得正当性提供有力的根据与支持。

应该注意到，在 WTO 的司法中，保护环境与自然资源主要引用第 20 条（g）款，而不是（a）（b）（d）款。（g）款的前段词语不是必需（necessary），而是“与……有关”（relating to）。但是，这绝不是说，（g）款在保护自然资源方面不起作用，相反，二者之间的联系还是相当密切的，从以下的行文中可以看出这一点。例如，属于（b）款的巴西翻新轮胎案，虽然主要的保护对象是“人的健康”，但是，实际上，因为燃烧更多的废旧轮胎放出

---

① 《关税与贸易总协定（GATT1947）》第 20 条.

② 《服务贸易总协定（GATS）》第 14 条.

的有毒有害气体通过污染空气而损害人的健康是问题的核心，引用“必需”作为抗辩理由，成功地禁止进口废旧轮胎进行翻新，既保护了人的健康，也保护了环境（减少空气污染，蚊蝇孳生），收一举两得之功。

一、与“必需”的演化和发展有关的案例

GATT/WTO 争端解决机构在以下五个案件中特别涉及和讨论过为保护人和动植物生命与安全、为保护公共道德、为执行不与 WTO 相违背的行政措施而必需的问题。

1. 泰国限制香烟进口案

GATT 时期，在泰国限制香烟进口及对香烟征收国内税案中，专家组对一项措施是否符合 GATT 第 20 条（b）款的“必需性”标准作出以下评论：① 在没有与 GATT 相一致的替代措施的情况下；② 与 GATT 不一致的程度较小的，当事方可以合理使用、能够达到其保护健康目标的替代措施也不存在的情况下①。

专家组认为，泰国的措施不是必需的，因为泰国完全可以通过采取符合 WTO 的非歧视性征税的办法达到保护人民健康的目的。

可以看到，在此案中，措施的必需性是以替代措施的有无，以及替代措施对贸易的危害是否最小作为标准的。

2. 欧盟石棉案

本案围绕两个方面对法国的措施是否符合 20 条（b）款进行审查：① 温石棉产品是否构成对人类健康的威胁；② 所采取的措施是否是为了保护生命及健康所必需。这

① GATT Panel Report. Thailand：Restrictions on importation of and internal taxes on cigarettes（Thailand：Cigarettes）［Z］. BISD 37S/200，223，adopted on 7 November 1990，para 74.

两个方面是援引20条（b）款的必要条件①。

对于争议中的措施是否为第20条（b）款中所说的为“保护公共健康所”“必需”，专家组认为：欧共体已经提供初步证据证明，对法国的措施（即对温石棉及温石棉黏合产品的禁令）不存在合理可行的替代措施，而且没有合理可用的替代产品。

原告方加拿大提出了四点抗辩②，其中后两点与“必需”问题有关。

在其第三点抗辩中，加拿大质疑欧盟法令的健康保护水平，认为是过度保护而不是“必需”的保护。专家组以及评论、舆论都认为，WTO成员方有权决定在既定环境中采取他们认为适当的健康保护水平。专家组承认，法国选择的健康保护水平阻止了石棉产品引起的健康风险的传播。法国禁止所有形式的闪石棉及严格限制温石棉的使用，这样的措施明显旨在（is designed to）、而且适于（is apt to）达到这样的健康保护水平。WTO成员方停止一个高危险产品的使用，而允许一个风险较低的替代产品的使用，这样做是完全合法的。因此，加拿大的质疑、抗辩是没有道理的。

在其第四点抗辩中，加拿大认为，专家组的“控制使用不是合理的替代措施”的结论是错误的。加拿大的这一

---

① WTO Appellate Body Report. European Communities：Measures affecting asbestos and asbestos-containing products（EC：Asbestos）［Z］. WT/DS135/AB/R，adopted on 5 April 2001，para 164.

② WTO Appellate Body Report. European Communities：Measures affecting asbestos and asbestos-containing products（EC：Asbestos）［Z］. WT/DS135/AB/R，adopted on 5 April 2001，paras 166－169.

抗辩来自他们对美国标准汽油案①的理解。在美国标准汽油案中，专家组认为，一项替代措施“只有在它无法采用时才可以排除它作为替代措施”。加拿大认为，一项不可能执行的措施就不是合理可行的替代措施，这当然是对的。但是，在美国标准汽油案中，专家组还认为，本质上一项替代措施并不因为成员方管理有困难就不是合理可行的替代措施了。专家组的这一观点并没有被上诉，因此，加拿大的主张是对美国标准汽油案的误读、误解或者故意的误读。

确定一项替代措施是否合理（reasonable）、可行（available），应当考虑以下几个因素：① 执行的困难程度；② 该项措施对实现目标所起的作用；③ 措施所追求的公共利益或价值的重要程度。所追求的公共利益或价值越重要，为达到目标所采取的措施越容易被接受，越被认为是“必需的”。

本案中，措施所追求的目标是消除或减少石棉纤维产生的众所周知的威胁人类生命、健康的风险，来保护人的生命和健康。接下来的问题是，是否存在一项比“禁令”对贸易的限制作用弱，但却能实现与“禁令”相同的目标的替代措施。加拿大主张“控制性使用”是一项能够达到与“禁止使用”相同目的的合理可行的替代措施。问题是，法国能否合理使用“控制性使用”措施来实现既定的健康保护水平。科学证据表明，在某些情况下，与石棉的接触仍然足以引发很高的发病率。专家组也发现“控制性使用”措施的效果在建筑业方面具有很强的不确定性；对

① WTO Appellate Body Report. United States：Standards for reformulated and conventionalgasoline（US：Gasoline）［Z］. WT/DS2/AB/R，adopted on 20 May 1996，paras13 – 20.

于DIY（do-it-yourself）热衷者来说，该措施的效果尤其值得怀疑，这些人又是含有温石棉成分的石棉产品的主要使用者。因此，“控制性使用”措施不能使法国实现既定的健康保护水平的目标，不能成为法国实现目标的替代措施。

因此，专家组的裁决很有道理：欧共体已经提供初步证据证明法国法令中的禁止措施不存在合理可用的替代措施。专家组的另外一条裁决也很有道理：法国的禁止措施法令对GATT1994第20条（b）款所说的保护人的健康是必需的。

可以看到，本案中“必需”的标准是：是否存在合理、可用的、对贸易的限制作用较弱的替代措施。其中，特别值得注意的是，确定一项替代措施是否合理应当考虑的因素，包括该项措施对实现目标所起的作用，以及措施所追求的公共利益或价值的重要程度。所追求的公共利益或价值越重要，为达到目标所采取的措施越容易被认为是“必需的”。

3. 韩国牛肉案

由于韩国“身土不二”的文化，韩国消费者推崇韩国本土纯种黄牛牛肉。这种牛肉口感好，但是价格高。当时韩国是美国牛肉的第二大出口国。美国牛肉在韩国市场上价格相对低廉，在利润的驱使下，美国牛肉常常冒充韩国牛肉。韩国政府为了抑制违反《反不正当竞争法》的原产地欺诈行为，实行零售市场牛肉“双重销售体制”，进口牛肉（进口时已包装的除外）只允许在特定的进口牛肉商店销售，百货商店或超市等大型商店必须对进口牛肉和国产牛肉分区域、分摊位销售，并且必须对进口牛肉进行标注①。双重零售制度使小零售商必须作出选择，绝大部分小零售商选择放弃零售进口牛肉。牛肉的双重零售制度大大减少了进口牛肉在韩国的商业机会。

1999 年澳大利亚和美国对韩国的牛肉双重零售制度提出申诉，认为其对外国牛肉的经销实施了限制，导致进口牛肉所享受的待遇低于韩国牛肉，从而违反了 GATT1994 第 3 条第 4 款的国民待遇原则。韩国依据第 20 条（d）款进行答辩。2000 年 7 月 31 日，专家组裁决韩国败诉，韩国提起上诉。2000 年 12 月 11 日上诉机构发布报告，维持专家组的裁定②。

韩国牛肉案涉及 GATT1994 第 20 条（d）款的“必需性”标准问题。要适用 20 条（d）款，必须满足两个条件：第一，该措施必须是为了并不与 GATT1994 的相关条款相抵触的法律或法规得到遵守；第二，该措施必须是保证得到遵守所“必需”的。此外，还有一点非常重要，援引 20 条（d）款的成员国有义务证明这两个条件已经得到了满足。

这里，讨论的焦点是韩国的“双零售”制度是否为保证韩国的《反不正当竞争法》得到遵守所“必需的”。为证明该措施是必需的，韩国必须使专家组信服，没有其他与 WTO 相一致的替代措施可以被采用，可以用以解决销售市场中牛肉原产地的欺诈行为。

专家组认为，韩国采取双重牛肉零售制度不是必需的。例如，没有必要用双零售制度将韩国黄牛牛肉与国内

① 朱榄叶．世界贸易组织国际贸易纠纷案件评析［M］．北京：法律出版社，2000：108.

② 全小莲，郑维炜．适用 GATT 第 20 条（d）款第一案：韩国牛肉案［J］．学理论，2009（4）：77-78.

奶牛牛肉相区分，没有必要用双零售制度将猪肉或其他食品相区分。尽管45%的进口牛肉销售到餐馆里，也没必要建立制度将提供进口牛肉和国内牛肉的餐馆相区分。专家组还发现，在案件中存在大量的虚假陈述①。

专家组的结论是，如果韩国在牛肉出售的执法措施上投入更多资源，可以以与 WTO 规则相一致的执法措施达到其《反不正当竞争法》中规定的水平。韩国关于缺少资源在 24 小时内保卫成百上千个商店的辩解是没有足够的说服力的。韩国可以通过有选择性的调查来执法，会更有针对性，更能控制潜在的违法者②。

上诉机构在韩国牛肉案中论述了判断必要标准的权衡与平衡方法（weighting and balancing process）。需要权衡的因素特别强调要包括措施对规制目标的促进作用，以及措施对国际贸易的限制性影响。如考虑即将实施的法律或法规所保护的大众利益或价值的相对重要性。这些大众利益或价值越重要，实现这些利益或价值的措施就越具有“必需性”而被接受。

一方面，上诉机构继续强调成员方具有决定自身政策目标的自由裁量权、判断力，也就是说成员方有权决定该目标的保护程度。另一方面，上诉机构提倡运用“权衡与平衡”方法，使这些政策目标达到折中和平衡。另外，如果一项措施的重要性被评估，那么也应当对该项措施对目标实现所起的促进作用进行评估，而不应当仅仅评估措施

① WTO Appellate Body Report. Korea：Measures affecting imports of fresh，chilled and frozenbeef（Korea：Various Measures on Beef）［Z］. WT/DS161/AB/R，WT/DS169/AB/R，adopted on 10 January 2001，para168.

② WTO Appellate Body Report. Korea：Measures affecting imports of fresh，chilled and frozenbeef（Korea：Various Measures on Beef）［Z］. WT/DS161/AB/R，WT/DS169/AB/R，adopted on 10 January 2001，para171.

本身。

4. 巴西翻新轮胎案

巴西声称，翻新轮胎的寿命比新轮胎的寿命短，因此进口翻新轮胎比进口新轮胎产生更多的废旧轮胎，而废旧轮胎会对人类健康产生危害和威胁，例如燃烧废旧轮胎时释放出有害的化学成分，并且为传播疾病的蚊子提供繁殖场所。基于以上原因，巴西主张，禁止进口翻新轮胎的禁令属于 GATT 第 20 条（b）项的范围。专家组对此表示认可①。

专家组与上诉机构关于此案的裁决，是“必需”标准判定问题的重大进展，可以说构成了这个问题的一个转折点。

专家组与上诉机构对此案的裁决有两个步骤，首先考虑是否构成健康危害或威胁，其次考虑所采取措施的政策目标是否减少健康风险。

裁决有三个要点：① 把规制目标（regulatory goal）单独作为一个因素来考量；② 把规制目标作为衡量“必需”性的一个重要因素来考量；③ 提出了补充性措施的概念，区分了补充措施与替代措施。

专家组总结到，一系列试图减少由废旧轮胎造成的损害的规制措施，其相互间是补充关系而非替代关系②。上诉机构认识到补充措施与替代措施（complementary to one and other rather than reasonably available alternatives）之间的区别。补充性措施与替代措施之间的区别在于，说一项措施是补充性的而不是替代性的，意味着该项措施与另一

---

① WTO Panel Report. Brazil: Measures affecting imports of retreaded tyres (Brazil: Retreaded Tyres) [Z]. WT/DS332/R, adopted on 12 June 2007, para753.

② WTO Panel Report. Brazil: Measures affecting imports of retreaded tyres (Brazil: Retreaded Tyres) [Z]. WT/DS332/R, adopted on 12 June 2007, para172.

项（或更多的）措施结合起来使用才能实现规制目标，也就是说某一项补充性措施不能单独实现规制目标。将某一特定措施定性为补充性措施，能够保证该项措施的合法性。将某项特定措施定性为补充性措施，则该措施不能再被定性为替代措施。

此案中，上诉机构没有具体解释而只是阐述什么是补充性措施：巴西的进口禁令“必须放在巴西为了处理废旧轮胎而设计并实施的全面策略中考察”①。根据该论断，或许可以说当一项措施需要放在其他措施语境下进行考察时，则两者之间是补充关系。

一项措施成为补充性的，应该具有两个特征。首先，补充性措施必须对规制目标产生不同的影响，也就是说，对规制措施产生相同影响的措施互为替代措施。其次，一项措施必须“补充”另外一项措施。这意味着这两项措施必须服务于相同的规制目标。被质疑的措施应与另外的措施服务于相同的规制目标，并且对目标的实现具有不同的影响。

必需性标准并没有提供一个辨别替代措施和补充性措施的可靠的方法，更好的方法似乎是更详细地定义补充性措施与替代措施的区别，以便为必要性分析创造一个更坚固的框架。一项措施的必要性只能依措施下潜在的规制目标的背景来决定，两项措施之间是替代措施还是补充性措施也必须部分取决于该目标。

必要性标准应当允许补充性措施。不允许补充性措施的存在，意味着不承认国际贸易制度与国内规制之间的合理平衡，因此是不合理的。

---

① WTO Panel Report. Brazil：Measures affecting imports of retreaded tyres（Brazil：Retreaded Tyres）［Z］. WT/DS332/R，adopted on 12 June 2007，para154.

巴西翻新轮胎案表明，可以采用三种不同的方法确定保护措施的合法性：① 依靠规制目标及一国追求的保护程度；② 定义补充性规制措施与可替代性规制措施之间的区别；③ 用非 WTO 条约解释必要性标准。

5. 安提瓜诉美国赌博案

安提瓜诉美国赌博案是 WTO 审理的首次涉及《服务贸易总协定》（GATS）第 16 条市场准入条款的解释和澄清的案件，还涉及 GATS 第 14 条一般例外条款：主权国家基于公共道德或公共秩序的理由，禁止通过互联网提供赌博服务，这是一个重要而敏感的问题。

安提瓜是西印度群岛的小国，因特网提供远程赌博服务业是该国经济的重要组成部分。美国是世界上最大的赌博服务消费市场。随着因特网的发展，网络赌博日益普及，由此产生的各种道德和法律问题引起了美国政府的关注，外国网络赌博公司向美国提供此项服务受到越来越严格的限制。安提瓜政府认为，美国对网络赌博的禁止措施对其网络赌博业造成了严重损害。

WTO 争端解决机构根据安提瓜的请求，成立专家组来处理该争端。本案涉及的争议包括：第一，美国承诺表是否对跨境赌博服务提供作出承诺；第二，美国是否违反 GATS 第 16 条市场准入的义务；第三，美国的措施是否符合 GATS 第 14 条一般例外（a）款的规定。

这里的讨论主要集中于第三个问题，特别是其中的必需性问题。

（1）“必需”的要求。美国援引 GATS 第 14 条（一般例外条款）中的（a）款和（c）款为其相关措施免责。

专家组认为，要成功援用 GATS 第 14 条，特别是要成功援用 GATS 第 14 条（a）款“为保护公共道德或维持公共秩序所必需”，必须同时符合下列条件：有关措施是为了保护公共道德或维持公共秩序；该措施是为了实现上述政策目标所必需的；同时符合前两个条件后，还要满足第 14 条前言的要求①。专家组以贸易自由化为考察起点，认为：只有“不存在与 WTO 义务相一致或违反程度更低的替代措施”，援用方的有关措施才能符合“所必需”的要求。

美国主张有关赌博的“联邦三法”（《有线通讯法》、《旅游法》和《非法赌博交易法》）符合 GATS 第 14 条（a）款，为“维护公共道德或维持公共秩序”所必需，因为远程赌博为洗钱、犯罪集团、诈骗和未成年赌博等提供了渠道。安提瓜对美国的主张提出质疑，美国 48 个州经营者可以通过由政府批准而经营赌博业，既然如此，美国所采取的措施并非为维护公共道德或维持公共秩序所必需。

公共道德、公共秩序保护的都是国家或社会的基础利益和价值，也是评价一个共同体或国家采取行动对错的标准。专家组认为“联邦三法”被批准是因为它们针对的是洗钱、犯罪集团、诈骗和未成年人赌博。专家组认为“联邦三法”是符合 14 条（a）款保护公共道德或维护公共秩序的措施②。

但是，专家组裁定，美国没有证明“三法”措施是必需的。这一裁定基于以下认定：“三法”所保护的利益和价值是非常重要的社会利益；“三法”必须或者至少在一

---

① WTO Appellate Body Report. United States: Measures affecting the cross-border supply of gambling and betting services（US: Gambling）［Z］. WT/DS285/AB/R, adopted on 20 April 2005, para 292.

② WTO Appellate Body Report. United States: Measures affecting the cross-border supply of gambling and betting services（US-Gambling）［Z］. WT/DS285/AB/R, adopted on 20 April 2005, para 296.

定程度上出于美国对洗钱、犯罪集团、诈骗和未成年赌博的忧虑；争议的措施对贸易有重大影响；由于美国拒绝安提瓜进行双边或多边磋商或谈判的邀请，因此美国未做到寻求一个与 WTO 一致的合理可行的措施①。

这就是说，被诉方在选择与 WTO 不一致的措施前，应首先寻找所有可能的、合理可行的、与 WTO 一致的替代措施。专家组认为，美国在本案中有义务在实施禁止跨境赌博服务措施之前与安提瓜进行磋商。

应该注意到专家组似乎接受了美国声称“三法”是不可或缺的几乎所有因素，因为美国提供了“必需”的初步证据，安提瓜未能举出合理的替代措施。只是，专家组在安提瓜提出争议的基础上，考察了安提瓜所称美国“三法”的歧视性，以及未能与安提瓜充分协商，美国之败诉主要是在这两个问题上。

（2）援用例外条款的举证责任。本案的另一个突出要点是举证责任问题。WTO 的权威学者把举证责任问题作为本案的突出问题予以强调：本案的裁决明确了在援用一般例外条款、使用与 WTO 自由贸易原则不一致的措施时，由采取措施的一方担负举证责任，证明其措施合乎要求，可以免责。

在本案中，这意味着被申诉方美国要证明其措施达到了 GATS 第 14 条（a）保护公共道德与秩序的要求为实现这一目标所必需。但是，问题不是那么简单。对这一举证责任的理解，需要细致入微、鞭辟入里的分析，而不是给出一个一言以蔽之的结论。在这个问题上，John Jackson

---

① WTO Appellate Body Report. United States: Measures affecting the cross-border supply of gambling and betting services (US-Gambling) [Z]. WT/DS285/AB/R, adopted on 20 April 2005, para 301.

等大师级学者的精到见解特别值得学习。在其分析中指出，虽说被申诉方的举证责任是肯定的，但是被申诉方并没有义务在第一轮举证时就证明自己采取的措施是没有可以达到同样的保护目标的合理可行的替代措施。也就是说，被申诉方没有责任证明不存在对贸易危害比较小的但是能够达到同样目标的替代措施。WTO 条文没有这样的要求，而且，在实践中，这样的举证责任几乎是不可能完成的，因此是太过于沉重的。

那么，被申诉方在这个阶段应该担负什么样的举证责任呢？应该是初步证据（prima facie）责任，它应该把证据和自己的辩解提交给专家组，让专家组来衡量、平衡它所采取的措施是否合乎有关要求。在这一过程中，被申诉方可以解释为什么不存在可以达到同样目标但对贸易危害较小的替代措施。但是，必须注意，被申诉方可以做这样的解释，但是没有义务做这样的解释来证明自己采取的措施的必需性。

接下来的程序应该是：如果专家组认为争议措施是必需的，基本可以就此结案。如果申诉方举出一项符合 WTO 的替代措施，被申诉方应该证明所举的替代措施在追求的利益和保护的价值方面不合理、不可行，而自己采取的措施是必需的。

其他专家也明确指出，美国作为被诉方诉诸第 14 条时应承担举证责任。一旦美国为其抗辩提供了充分的证据和论据，安提瓜就必须驳倒美国的抗辩。这样，举证责任转到了安提瓜一方，即本案的原初申诉方。因此，可以说，举证责任是多回合的，或者说要根据案情和审判辩论过程进行几轮。即使在涉及 GATT 第 20 条、GATS 第 14 条的案件中，也不应该简单地说举证责任在被申诉方。正确的说法应该是：援用“一般例外”案件，被申诉方有初步举证责任。

二、从五案看“必需”的演化与发展

1. “必需”的语义解释

首先，应该结合《维也纳条约法公约》第 31 条第一款关于语义的规定，来解释“必需”的通常意义。

从语义的角度看，“necessary”一词的通常意义是不可缺少的、必需的、必要的。然而，这一词必须根据其使用的语境（context）来审查，因为其可能有不同的含义。它可能含有绝对的、重大的必要性或不可避免性，或者可能含有方便的、适当的或对追求的目的有作用的意思。它是一个表示程度的形容词，可能仅仅表示方便，或可能表示不可或缺。

各款中的“necessary”是指一个范围内的必要性。在该统一体（continuum）一端，“必需的”意味着“不可或缺”；在另一端，“必需的”意味着“有助于”（making a contribution to）。在该范围内，与“有助于”这一极比较起来，一项“必需的”措施的含义明显更接近于“不可或缺”的措施的含义。

2. 从立法目的进行解释

还应该结合 GATT 第 20 条、GATS 第 14 条的制定目的，根据《维也纳条约法公约》第 31 条第一款关于立法目的解释的规定来解释“必需”的通常意义。

审查一项措施的“必需性”，有必要考虑第 20 条的立法背景。（a）（b）两款规定了“保护公共道德与公共秩序”，“保护人与动植物的生命与健康”。从（d）款看，这些措施应该是“保证与本协定规定不相抵触的法律或法规得到遵守所必需的措施，包括与海关执法、根据本协定第 2 条第 4 款和第 17 条实行有关垄断、保护专利权、商标和版权以及防止欺诈行为”。很明显，这里指的是更宽泛意义上的“法律和法规”得以遵守。

在特定案件中评价措施是否与 WTO 的法律、法规相一致时，要考虑到该法律或法规所保护的公共利益和价值就重要性。一般来说，该措施为保证法律或法规得到遵守所起的作用越大，该法律或法规所保护的公共利益和价值就越重要，它就越可能被认定为符合（d）款的具体规定。

在评价措施“必需性”的时候，执行措施的其他因素也应该考虑。其中之一是该措施有助于实现被遵守的法律法规所追求的目标的程度，有助于目标实现的程度越高，该措施就更容易被认为是“必需的”。另一个因素是该措施对国际进出口贸易的限制程度。相对而言，一项对进口产品影响小的措施比一项对进口产品影响大的措施更容易被认为是“必需的”。

在此基础上，在个案判断中有一个衡量和平衡一系列因素的过程，包括该措施为保证法律或法规得到遵守所起的作用，该法律或法规所保护的公共利益和价值的重要性，以及对进出口贸易的影响。

3. 权衡与平衡方法（weighting and balancing）

在韩国牛肉案中，上诉机构指出，在 GATT1994 第 20 条（d）款的范围内，确定措施是否“必需”应权衡一系列因素。

权衡过程首先要考量争议措施所促进的价值和利益的相对重要性。在确定有争议的特定利益的重要性后，再研究其他需要权衡的因素。

上诉机构指出两种方法，一个是措施在实现其所追求的目标、成果中的贡献，另一个是措施对国际贸易的限制性影响。这两个因素在大部分案件中都是专家组确定措施必需性时必须考虑的。

4. 补充性措施与替代性措施

在无合理可行的替代措施存在的情况下，采取的措施才是必要措施。

一些规制措施是相互补充的，而不是相互替代的。特别是在成员方为贯彻实现某一特定目标而采取一系列措施时，这种情况更容易出现。这种认识可谓是向前迈了积极的一步。专家组和上诉机构对补充性措施与替代性措施之间的区别的认识，对判断必要性标准具有重要意义。

如果补充性措施与替代性措施的区别对裁决的结果具有全面影响，那么未来的判例法仍有必要定义两者的区别。然而，专家组和上诉机构均没有对补充性措施与替代性措施的区别作出比较清晰的界定，这意味着裁决的潜在影响仍然是一个问题。

5. 举证责任："必需"问题上被诉方要负初步举证责任

被诉方必须表明、证明其措施达到所设保护目标的必需性。但是，在证明措施是为实现保护目标时，被诉方无须证明不存在能达到目标的合理可行的替代措施。尤其是被诉方无须指出所有对贸易影响更少的限制措施，并表明这些措施都无法达到期望的目标。

然而，被诉方应通过提交证据和意见，使专家组在相关因素的权衡过程中得出措施是"必需的"的初步证据。被诉方在这个过程中也许会指出替代措施不能达到与争议措施相同的目标的原因，但是在证明的第一阶段没有此义务。

如果原告方提出存在与 WTO 一致的替代措施，那么被诉方应证明其采取的措施与替代措施相比仍然是必需的，或者证明为什么替代措施不是合理可行的。如果被诉方证明不存在合理可行的替代措施，那么争议措施符合

GATT 第 20 条、GATS 第 14 条的有关规定。

6. 结语：问题的实质

“必需”是区分合理合法的规制措施与作为贸易保护主义借口的措施的主要分水岭，合理合法的规制措施在于它为保护它所声称的合法目标（如生命、健康、环境）所必需，而作为贸易保护主义借口的措施，其目标在于打击、削弱外国竞争者的竞争力。

确定“必需”问题，目的和困难都在于区分两种情况。在一种情况下，一个非保护主义的政府防止不了某种国内政策造成对外国竞争者的歧视；另一种情况是，一个保护主义的政府采用合法的目标，来设计国内政策，作为抑制外国竞争的借口。问题在于，设计的规则必须对这两种情况作出区别，使前者能够实行，使后者受到阻止。这两种情况对于发展低碳经济、抵制低碳贸易壁垒至关重要。

第三节

GATT 第 20 条（b）款和（g）款的适用范围及相互关系

第 20 条“一般例外”的设置，是为缔约方在特定情况下违反 GATT 其他条款的国内措施“免责”，它是对 GATT 一系列义务的“一般例外”。近年来，贸易规则与环境措施之间的关系问题成为 WTO 所面对的最具争议的问题之一，而一般例外条款对这个问题的解决具有非常重要的意义。

一、第 20 条（b）款的适用范围

GATT 第 20 条（b）款适用于“为保护人类、动物或

植物的生命或健康所必需的措施”。这个规定表明以下两点。

1. 措施的政策目标是保护人类、动物或植物的生命或健康的范围

这里需要考察的是目标的真实性。欧共体石棉案①中，四位科学专家得出一致鉴定结论，温石棉纤维和温石棉水泥产品形成对人类健康的威胁。在此基础上，专家组进一步指出，1977 年国际癌症研究机构、WHO 等国际机构就已经确认了温石棉纤维的致癌性质。

2. 措施是实现目标所必需的

对“必需性”的考察已经发展到采用权衡与平衡方法（weighing and balancing）：第一，措施所保护的利益或价值越重要，就越接近必需；第二，措施对目标实现的促进作用越大，则越接近必需；第三，措施对贸易的影响越小，就越接近必需；第四，是否存在与 WTO 相一致的合理可行的替代措施。

在低碳经济语境下，如果一项国内低碳措施意图符合第 20 条（b）款的范围，那么该措施需要满足以下要素：① 措施的目标是为了减少空气中的温室气体排放量，为人类、动植物生命健康提供清洁空气；② 空气中二氧化碳含量真实地威胁到了人类、动植物生命健康；③ 人类、动植物呼吸所需的清洁空气是一种至关重要的利益；④ 所采取的低碳措施对实现碳减排具有不可替代的促进作用；⑤ 在众多可比措施中，所采取的低碳措施对贸易的影响最小。

---

① WTO Appellate Body Report. European Communities: Measures affecting asbestos and asbestos-containing products EC: Asbestoss [Z]. WT/DS135/AB/R, adopted on 5 April 2001, para 157.

二、第20条（g）款的适用范围

第20条（g）款规定“与保护可用竭的自然资源有关的措施，如此类措施与限制国内生产或消费一同实施”，这里涉及三个问题。

1. 措施的政策目标是保护可用竭的自然资源

可用竭的自然资源是否仅仅是狭义的不可再生资源？从WTO判案中可以发现，可用竭的自然资源的范围逐渐宽泛。有学者通过梳理相关案例中上诉机构的报告，总结“可用尽的自然资源”包括生物和非生物的，如清洁的空气、迁移中的海龟、鲑鱼、青鱼、金枪鱼和海豚①。事实上，如果不以可持续方式进行开采、使用和管理，任何资源都是可用竭的②，如，人类的活动可以污染空气和饮用水，使其质量降低，甚至不能用来呼吸、饮用。

2. 措施与实现目标有关

从措施的整体结构及设计考察，其与保护可用尽的自然资源之间必须存在“密切的真实的联系”③，措施确实是为了保护可用竭的自然资源而设定，而不是基于其他目的。

3. 措施与限制国内生产或消费一同实施

用语“一同实施”强调的是时间上的同时性，而不是待遇上的相等性。美国汽油案中，上诉机构将“实施

---

① Bradly J Condon. Climate change and unresolved issues in WTO law [J]. Journal of International Economic Law, 2009, 12 (4): 911.

② 高晓露. “绿色条款”在实践中的新发展与绿色贸易壁垒：从WTO争端解决实践看GATT第20条 [J]. 信阳师范学院学报：哲学社会科学版，2003 (4): 47.

③ WTO Appellate Body Report. United States: Import prohibition of certain shrimp and shrimp products (US: Shrimp) [Z]. WT/DS58/AB/R, adopted on 6 November 1998, paras 128 – 131.

(made effective)”解释为“政府正在实施的措施”、“有效的”或“已经生效的”①。如果一国基于保护可用竭的自然资源（如清洁空气），已经在其国内的生产和消费领域采取措施，那么，基于相同的目的、限制进口产品的措施则符合逻辑和情理，同时进一步证明了措施与目标之间具有真实可靠的联系，即使本国限制措施与对进口产品限制措施在程度和方式上不一致。

低碳经济措施更易符合第 20 条（g）款的适用范围。首先，只需证明低碳措施的政策目标是减少空气中的碳含量，保持清洁的空气这种可用竭的自然资源。至于，不采取措施降低空气中的碳含量是否会威胁到人类、动植物的生命健康则无须证明。其次，低碳措施对实现保护清洁空气的目标有真实的、足够的促进作用即可，即使存在其他替代措施。最后，低碳措施对进口产品与国产品的生产和消费一同限制。只要低碳政策目标是真实的，而不是为了提高产品竞争力或保护本国生产，则必然会从环境与公共利益角度出发，使国内外生产公平地使用可用竭的自然资源。

三、第20条（b）款和（g）款的关系及其适用

第 20 条（b）款保护的是人类、动植物的生命健康，（g）款保护的是可用竭的自然资源，这些都是事关人类生存和发展的重大利益。自然资源的保护和利用直接关系到人类的生存质量，甚至关系到人类的生存发展。空气质量下降、饮用水被污染、石油枯竭……人类将面临生存危

① WTO Appellate Body Report. United States: Standands for reformnlated and conuentional gasoline (US: Gasoline) [Z]. WT/DS2/AB/R, adopted on 20 May 1996, paras 20 – 21.

机。随着对“可用竭的自然资源”解释的扩大，（b）款和（g）款保护的利益有重叠交叉之处。例如，东北虎或其他濒临灭绝的珍稀动物，从其物理属性和生理结构上看，属于（b）款中规定的“动物”；从其珍贵性和稀少性这种品质上看，则属于（g）款中规定的“可用竭的自然资源”。又如，一项低碳措施的直接效果是减少空气中的碳含量，获得清洁空气，而清洁空气最终是为地球上的生物尤其是人类服务的。

第20条序言规定的并不是具体的争议措施或内容，而是措施的实施方式，旨在防止第20条例外被滥用①。一成员国引用一项具体例外的权利，如引用第20条第（g）款的权利，如果被滥用或误用，达到一定程度时会使其他成员根据条约的实体权利受到侵蚀或丧失。

一项措施符合第20条（b）款或（g）款的范围，还不能获得完全的正当性，只有同时符合序言的要求，即该措施不构成在成员国之间或本国与外国之间同等条件下任意的或不合理的歧视，不构成对国际贸易的限制，才能最终依据第20条获得正当性。援引第20条是有顺序要求的。首先，审查措施的内容是否符合（b）款或（g）款的范围，然后审查措施的方式是否符合序言的要求。

措施的实施方式在实体上和程序上不得出现以下三个问题，才符合序言的要求：① 措施的运用产生了歧视；② 歧视是任意的、武断的或不公平；③ 歧视发生在条件相同的国家。美国海虾案中：① 美国不考虑保护海龟的实际效果，不考虑其他国家的实际情况，一味地要求他国使用美国要求的海龟隔离设施，构成了歧视。② 海龟隔

① 曾令良，陈卫东．论WTO一般例外条款（GATT第20条）与我国应有的对策［J］．法学论坛，2001（4）：37.

离措施的政策和实施详情是美国国务院自己作出的，没有出口成员方的参与，认证制度和程序是由美国机构自己确立和实施的，美国的歧视性措施具有单方任意性；美国对其他成员的虾出口采取禁止进口前，没有与其进行认真全面的谈判，以达成双边或多边的海龟保护协议，因此是武断的。③ 美国给予申诉方（印度、马来西亚、巴基斯坦和泰国）的过渡期是四个月，而给予十四个加勒比国家的过渡期是三年，因此在条件相同的出口国之间造成不公平的歧视①。

通过上文对（b）款和（g）款适用范围的具体阐述，可以看出二者在适用范围上的差异。首先，二者保护的利益各有侧重。（b）款保护的是人类、动植物的生命健康，更加关注生命。（g）款保护的是可用竭的自然资源，更加关注环境资源。其次，是（b）款和（g）款在用语“必需”与“有关”上的差异。无论从语义分析角度，还是从上文解释的具体适用要素中都不难看出，“必需”的要求更加严格。这两个不同的用词决定了（b）款比（g）款适用条件严格，这引发人们思考这样的问题：（b）款与（g）款，哪个保护的利益、价值更重要呢？如果按照通常理解，人是第一位的，人类的生命健康高于一切，包括高于环境，那么（b）款与（g）款的用语是否应对调？

如果（g）款也用“必需”一词，那么被诉方可能就不仅要考虑到其国内的资源等因素，而且还要考虑到国外有关该资源的各种可利用的信息，这会增加被诉方的举证难度。笔者认为，（b）款与（g）款的用语应当对调，以

---

① WTO Appellate Body Report. United Stales: Import prohibition of centain shrimp and shrimp products (US: Shrimp) [Z]. WT/DS58/AB/R, adopted on 6 November 1998, paras 163 – 181.

更加突出人类生命健康价值高于环境资源价值。即使有案例①证明，环境利益不低于人类生命健康，但是，无论是从国际人权角度，还是国内法人身权角度，人都是第一位的。目前诉诸 WTO 的案例，尚不存在（b）款和（g）款所保护的利益和价值的争论。从发展低碳经济的角度，希望低碳措施能以相对宽松的条件获得第 20 条的正当性。低碳经济措施首先符合（g）款的范围，（b）款可以作为低碳措施获得 WTO 法正当性的备用条款。

① 巴西翻新轮胎案中，专家组认为，“很少有利益比保护人类健康免受威胁更‘关键’、更‘重要’，环境保护的重要性不低于保护人类健康”。WTO Panel Report. Brazil：Measure affecting imports of retreaded tyres（Brazil—Retreaded Tyres） [Z] . WT/DS332/R，adopted on 17 December 2007，para 7.108.

第三章
碳关税——边境调节税研究

进入2011年，“碳关税”一词虽然有些降温，但是在低碳经济背景下，碳关税问题的学理研究和实证研究并没有过时。未来的国际战略资源，将从土地、石油、煤炭、矿产等，转移到碳排放权。作为一种低碳经济措施，碳关税的现实意义毋庸置疑。我国作为发展中国家和大国，必须在低碳减排背景下明确战略定位，对外要争取发展空间，对内要向低碳经济转型。鉴于此，本章首先对碳关税的性质进行界定，然后分别对碳关税的理论基础、合法性以及现实动力进行分析和探讨，以期对碳关税的未来发展趋势作出预测，在此基础上明确我国在碳关税问题上的立场，提出我国应对碳关税问题的对策建议。笔者认为，我国在碳关税问题上，应实现保护出口产业与发展低碳经济的双重目标。

第一节 碳关税的性质

碳关税最早由法国前总统希拉克提出，用意是希望欧盟国家针对未签订、未遵守《京都议定书》的国家课征商品进口税，以抵消、平衡欧盟国家遭受的国际不公平竞争，保护欧盟境内的相关产业，特别是钢铁业及其他高耗能产业。其道理在于，欧盟等征收碳税的国家因为其产品价格高而降低了其在国际经济贸易中的竞争力，这是不合理的。国内生产者为了扭转其产品的竞争劣势，极力主张本国政府对进口产品征收与国内产品相当的环境税。一些欧盟国家、日本都对化石燃料中的碳含量征税，这使其有关产品的价格与不征此类税的美国相差很大，例如电价相差30%以上，重油相差15%。

2009年，美国推动了新一波“碳关税”热。美国众议院2009年6月通过“Boxer-Kerry”提案，授权美国政府可以对包括中国在内的不实施碳限额减排国家的进口产品征收碳关税。提案如果能在参议院通过并获总统批准，将变为国内法。美国某些人推动碳关税的用意很清楚，用他们自己的话说：就是不能将就业机会拱手让给海外的竞争者，特别是中国和印度这样的国家。推出“碳关税”，首要目标是保护美国国内相关产业，打压和防止外国产品的竞争。其次，美国、欧洲、日本都在把低碳经济当作一个新的增长点，仅更换绿色设备就会有巨大经济利益，美国“能源新政”的要义之一，就是抓住这一机遇，促进美国的经济增长。从国际关系、国际战略和外交的视角来看，美国实行碳关税有三个深层原因：① 着手后京都议定书时代的国际竞争战略布局；② 保障能源安全和国家安全；③ 制衡包括中国在内的发展中国家。

从碳关税这一概念的提出过程可知，其主要目的是为了平衡国内被征收“碳税”产品与相同进口产品之间的税收负担，同时也实现保护环境①，而对进口产品在边境征收调节税，因此，其本质上属于国内税的边境调节税

① 张昕宇．“碳关税”的性质界定研究［J］．求索，2010（9）：30.

(border tax adjustment，BTA)①。例如，我国在边境对进口产品征收的增值税就是典型的边境调节税。碳关税只是由于在边境对进口产品征税，因此被误读为“（碳）关税”。碳关税属于“边境碳调节（border carbon adjustments，BCAs)”② 措施的一个主要方式，主要用于预防或调节由国内碳税引起的产品竞争力失衡问题。

从碳关税征收的前提可以看出，碳关税是基于“碳”的边境调节税，这里可以理解为有关碳减排的任何措施，比如配额交易、税收等。但是，从有关碳关税的研究文献来看，碳关税主要是以国内征收了碳税为前提进行边境调节的。因此，笔者将碳关税进行狭义理解，即碳关税的边境调节目的在于平衡国内征收了碳税的产品与进口产品之间的竞争力。

无论碳关税是为了维护国际贸易平衡，抑或实现环境保护的目的，一国对进口产品征收碳关税的前提一定是该国国内已经征收了碳税。因此，碳关税与国内碳税具有紧密联系。目前，碳税已经在芬兰、瑞典、丹麦、意大利以及加拿大魁北克省和不列颠哥伦比亚省先后开征③。碳税是一种对煤炭和石油类燃料等含碳量较高的产品征收的一

---

① 边境调节税（border tax adjustment，BTA），可以追溯到 18 世纪，当时允许各国在国际贸易中实行自己的国内征税体制，从而保证国际贸易的货物既不免除税费又不被双重征税。参见：那力．WTO 的边境调节税与反补贴［EB/OL］．［2011－05－01］．http：//www．yadian．cc/paper/25612.

② 边境调节方式，是在国内产品实施了减排措施之后，如征收了碳税或进行了总量限制交易，为了保护国内产品的竞争力，而对同样能源密度或碳密度的进口产品在边境采取的调整措施。通常的手段是征收碳关税、购买国际储备配额等。Aaron Cosbey. Border Carbon Adjustment［R/OL］．IISD，18－20 June，2008．［2011－05－01］．http：//www．carbontax．org/issues/border-adjustments/.

③ 汪曾涛．碳税征收的国际比较与经验借鉴［J］．理论探索，2009（4）：68.

种环境税，其征税基础是产品的碳含量或排放量①。碳关税措施在制度设计、结构安排和政策目标上，不能偏离于国内碳税，否则具有贸易壁垒之嫌。例如，碳关税必须与碳税一致，以二氧化碳减排为目的，以产品的碳排放量为征税基础。

目前，世界上还没有国家征收碳关税，只是法国、美国等发达国家正在酝酿碳关税措施的法律设计，碳关税问题的研究尚处于政策探讨阶段。碳关税问题是贸易与环境，发达国家与发展中国家经济、政治较量的竞技场，其合法性、可行性受到多方面的挑战，不是一个简单的能否征收的问题。

第二节

碳关税的理论基础

一、经济学机理

碳税的经济学理论依据源于英国经济学家庇古 1920 年的著作《福利经济学》。庇古认为，政府应根据污染所造成的危害对排污者收税，以税收形式弥补私人成本和社会成本之间的差距，将污染的成本加到产品的价格中去②。这是人们常说的外部性理论。基于这个理论，国家采取税收这种宏观经济杠杆，使外化了的环境成本内部化。税收

① Brenton, Paul, Gareth Edwards-Jones, Michael Jensen. Carbon labelling and low income country exports: an issues paper [R/OL]. International Trade Department of World Bank, 31 May 2008. [2011-05-02]. http://mpra.ub.uni-muenchen.de/8971/1/MPRA_paper_8971.pdf.

② 宋一欣．碳税及其法律制度［EB/OL］．（2010-11-18）［2011-05-02］．http://www.chinavalue.net/Blog/527723.aspx.

是国家凭借政治权力参与国民收入的分配和再分配的一种方法，其突出特征是强制性、无偿性和固定性①，是国家实现经济管理职能的重要手段。国家在环境管理中，使用碳税调节高碳产品和低碳产品之间的价格差距，可以有效地平衡不同产品的环境成本差异，这是自发性的市场机制无法实现的。即使抛开市场机制的缺陷不说，单纯从生物本性的角度来说，在个人利益与公共利益发生冲突时，极少数人能够牺牲个人利益而为社会公共利益做贡献②，何况是商品经济贸易中逐利的经济人呢。所以，国家须采用强制手段维护经济活动中的公益性价值，比如低碳减排、保护环境等。

同样基于经济学中的外部性理论，碳关税应运而生。开征碳税将提高生产成本，如果该产品参与国际竞争，则碳税在实施国对本国企业将产生贸易影响，尤其对于能源密集型产业，如钢铁、铝业、化学、玻璃和造纸业来说，其结果往往是本国企业失去产品的部分甚至全部国际市场份额，该市场份额转而由未实施碳税或碳税率较低的外国企业保有③。因此，国际贸易中，当国内产品被征收碳税时，如果不对进口产品征收碳关税，会损害国内负担了碳减排成本产品的竞争力，造成国际贸易中产品竞争力的一种不平衡状态。一些企业或个人在其社会经济活动中排放了大量的温室气体，导致气候变化，引起严重的环境问题，但这些企业或个人并没有对此进行补偿。为了纠正这种负外部性，需要内化这些环境成本。

---

① 那力，何志鹏．WTO与环境保护［M］．长春：吉林人民出版社，2002：189.

② 大卫·希尔曼，约瑟夫·韦恩·史密斯．气候变化的挑战与民主的失灵［M］．武锡申，李楠，译．北京：社会科学文献出版社，2009：134.

③ 金慧华．多边贸易体制下的碳税问题探析［J］．社会科学，2009（1）：97.

边境调节税的作用之一是避免双重征税，而边境碳调节税自然具有此效果。对进口产品征收碳关税的意义在于，使本国产品在出口时不因在国内已经缴纳了碳税而在国际竞争中处于劣势，也不会使进口产品因没有在出口国缴纳碳税而处于竞争优势，从而有效避免了国内外生产者的税负不公平，使碳税对国际竞争力的影响中性化。

学界有观点认为，减排导致的竞争力损失并非达到非要用边境税调节的程度，如欧盟实施的排放贸易对其竞争力和就业的影响都是温和的，相比于碳税政策对经济的影响要小得多①。这种观点从根本上否定了碳税的必要性，建议用其他手段代替碳税，从而使碳关税失去存在的前提。笔者认为，从经济角度探讨碳关税是否具有实施的必要性，是以国内征收了碳税并损害了产品竞争力为前提，如果出口国国内没有征收碳税，自然在进口国边境没有必要征收边境调节税。而现实是，很多国家已经开始征收碳税，这已经成为一种客观事实。只要碳税没有彻底取消，碳关税问题的前提性基础就没有消失，讨论碳关税则没有失去意义。因此，无论从何种角度探讨碳关税问题，都不能忽视其上位概念和措施——国内碳税的存在。

有关碳税的研究表明，不同国家和地区在不同经济社会发展阶段实施碳税，其实施效果有较大差异②。诚然，这种现象是一种客观存在，但是不能证明碳税对于二氧化碳减排和环境保护是无效的。因为，实际情况是环境成本具有不确定性，不同地区对温室效应也有不同的反应，如温度上升约2.5℃，可以改善某些环境较为恶劣地区（如

① 谢来辉．欧盟应对气候变化的边境调节税：新的贸易壁垒［J］．国际贸易问题，2008（2）：70.

② 李伟，张希良，周剑，等．关于碳税问题的研究［J］．税务研究，2008（3）：21.

加拿大或俄罗斯）的环境，但对印度或其他热带地方却是有害的，甚至是灾难性的①。

从经济、社会发展的基本规律来说，碳关税的意义主要不在税额上的财政收入，而是从更宏观的意义上保证了国际贸易利益与环境利益的价值平衡。

二、环境治理法学机理

1. 污染者付费原则

“污染者付费”是从经济学中的外部性理论衍生出的环境治理的政策原则。其最初在 20 世纪 70 年代由经合组织（OECD）确定，1992 年联合国环境与发展大会将“污染者付费”原则确定为国际性的环境政策，大会发表的《里约宣言》将其确定为可持续发展的一个要素。《里约宣言》原则第 16 条指出：“国家政府应该尽力促进环境成本的内部化和促进经济手段的运用，在原则上考虑污染者承担污染成本的方法，关注公共利益，避免对国际贸易和投资的扭曲。”“污染者付费”是国际环境治理的一项政策原则，而不是一项法律规则，其具体实现需要借助法律手段或经济杠杆。环境税是一种典型方式，其目的之一即促进“污染者付费”原则的实现②。例如，环境税中的碳税，对石油类产品等环境污染较大的产品在消费环节征收较高的税，消费者承担了高额税负，则会减少对该种石油产品的需求量，使得生产者对石油产品的生产量缩减。从中长期效果看，对石油类产品征收消费型碳税，其环境污

① 陈秀梅. 碳税与许可证交易的对比分析［J］. 番禺职业技术学院学报，2008（2）：31.

② 那力. WTO 的边境调节税与反补贴：我国能源政策和法律必须考虑的两个国际性问题［C］//资源节约型、环境友好型社会建设与环境资源法的热点问题研究：全国环境资源法学研讨会论文集，2006：516.

染成本最终由生产者承担。因此，环境税把应由资源开发者或消费者承担的对生态环境污染或破坏后的补偿，以税收的形式进行平衡，体现了“谁利用谁补偿，谁收益谁付费”。

“污染者付费”这种理念一旦成为具体的操作机制，则会通过供求关系和成本效益关系引导生产者进行低碳环保型生产，并且形成一种良性循环。环境税通过加重污染企业的税收负担，刺激企业去减少污染水平，直到减少污染所花费的边际成本等于边际税负时为止，也就是说，只要环境税的边际税负高于减少污染所带来的边际成本，企业就会选择继续减少污染量；只要污染量的减少与环境税的减少成正比，企业就有动力引入新的设备来减少污染排放量①。

碳排放的主体在追求自身利益的过程中向空气中排放了二氧化碳，增加了公众的环境成本，因此，根据“污染者付费”原则，要对其二氧化碳排放行为负责，承担相应的费用。低碳经济时代，“污染者付费”原则直接要求企业必须进行低碳减排，发展环保型生产模式。“污染者付费”原则及其具体操作机制，将企业的利益与其污染成本直接挂钩，在该原则的警示下，企业承受了更大的减排压力。因此，实施该原则，能使低碳减排更具有时代紧迫感。

2. 共同但有区别责任原则

发展低碳经济、实施碳减排已经成为一种全球范围内的现实要求和必然趋势。也就是说，减排是必需的。在发展中国家的不懈努力下，目前的减排原则确定为：发达国

① 李静怡．环境税的短期与长期效应分析［J］．山西财政税务专科学校学报，2010（1）：26.

家与发展中国家承担共同但有区别的责任。

共同但有区别责任原则，是指由于地球生态系统的整体性和导致全球环境退化的各种因素的实际情况，各国对保护全球环境负有共同但有区别的责任。由于地球生态系统的一体性，人类存在着共同利益。在此基础上，生活在地球上的世界各国，不论大小和贫富，对全球环境保护都应承担“共同”的责任。由于环境污染的历史与现实，由于发达国家和发展中国家的经济水平和环保技术水平存在差异，发达国家和发展中国家承担的责任要有所差别。发达国家早年的经济行为对环境造成的污染不应由发展中国家承担，这符合“谁污染，谁付费”的原则。主体的责任只有与其造成的损害、享受的利益向匹配，才符合公平的内涵与真髓。

共同但有区别责任原则在《里约宣言》《联合国气候变化公约》等国际环境条约中均有体现，其实际履行情况是良好的。但是，美国一直在此问题上强调“共同责任”，而逃避区别责任，其突出表现是，在减排问题上拒绝签署《京都议定书》。俄罗斯迫于国际舆论压力和政治利益的驱动，被动签署了《京都议定书》。中国成功践行了共同区别责任原则，一方面作为发展中国家暂不承担《京都议定书》的减排任务；另一方面，中国一再强调人类共同生活在一个地球上，地球环境质量的恶化危及所有国家的利益，保护地球是人类共同的责任①。

共同但有区别责任原则已经成为国际环境法的基本原则，在应对气候变化、实行低碳减排方面发挥着指导作用。在该原则的基础上，《京都议定书》对发达国家的温

① 中国国家环境保护局. 人类共同的责任［M］. 北京：中国环境科学出版社，1993：30.

室气体排放量作出了具有法律约束力的定量限制，对发展中国家没有提出强制性的减排义务。议定书规定到2010年，所有发达国家二氧化碳等温室气体的排放量要比1990年减少5.2%。具体说是与1990年相比，欧盟削减8%，美国削减7%，日本削减6%，加拿大削减6%，东欧各国削减5%～8%，新西兰和俄罗斯稳定在1990年的水平上。议定书同时允许爱尔兰、澳大利亚和挪威的排放量比1990年分别增长10%，8%和1%。

低碳经济时代，奉行共同但有区别的减排方式，引发了碳泄漏问题（carbon leakage）。碳泄露是指碳密集产业从承担碳减排责任的国家向非承担国家转移，导致全球无法实现总量碳减排。实施减排措施的国家的高碳产品，主要是能源产品（主要是煤炭、石油、天然气等）和碳密集型产品，这类产品会因为承受了额外的减排成本而抬高价格，在国际市场上，与非减排国家的相同产品相比失去了价格优势。非减排国家的高碳产品没有附加额外的减排成本，在国际市场上具有价格优势，有利于本国能源产业的发展壮大。减排国家的能源产业由于产品失去价格竞争力，继续在减排国家内部生产，利润空间狭小甚至无利可图，于是逐渐向非减排国家转移。从全球角度看，碳排放量只是从减排国家转移到非减排国家，虽然减排国家的碳排放量会减少，但是全球碳排放总量仍然没变。可见，碳泄漏造成的后果很严重。一种典型的现象是，1997年后受《京都议定书》的影响，大量高耗能、高排放、高污染的“三高”企业由发达国家转向发展中国家，使得20世纪末和21世纪初不少发达国家出现了所谓的“产业空洞化”

现象①。

碳税作为低碳时代的重要减排手段，也要符合共同但有区别责任。征收碳税也可能引发碳泄漏问题，因为征税高的国家的相关产业可能会向碳税较低或不征碳税的国家转移。解决或预防碳税引发的碳泄漏，能否通过采取边境税调节措施，即通过碳关税调节？有学者认为，碳关税可以作为调节碳泄漏问题的辅助方法②；单方面对高碳产品征收碳关税可以增加高碳产品的成本，一定程度上使得企业不能通过转移生产地点来逃避减排措施，减少碳泄漏所造成的影响③。但是，也有学者对此存在质疑，认为碳关税不是解决碳泄漏的有效手段，其对碳泄漏的预防作用仅是轻微的，而且行政成本过高④。甚至有学者认为，征收碳关税只会导致对所谓碳泄漏的过度纠正，碳关税本质上不是保护贸易，而是限制贸易的绿色碳壁垒⑤。

无论碳关税对碳泄漏问题的调节效果如何，在有关碳关税提出背景的文献中，均将碳泄漏作为碳关税产生的直接原因。持否定态度的学者的初衷是担心碳关税会成为贸易壁垒，因此认为碳泄漏只是碳关税提出的一种幌子和借

---

① 张曙霄，郭沛．“碳关税”的两重性分析［J］．经济学家，2010（12）：37.

② J Andrew Hoemer，Frank Miller. Carbon taxes for climate protection in a competitive world［R］. Swiss Federal Office for Foreign Economic Affairs，1996：21.

③ 董京波．WTO 框架下碳关税合法性探析：以 GATT20 条一般例外条款为中心［C］//国际经济法面临的新格局与新挑战：中国视角：中国国际经济法学会年会暨学术研讨会论文集（四）．2010：1272.

④ Warwick J McKibbin，Peter J Wilcoxen. The economic and environmental effects of border tax adjustments for climate policy［C］//Brookings Global Economy and Development Conference，Brookings Institution，Washington DC. 9 June 2008：24－25.

⑤ 谢来辉，陈迎．中国对碳关税问题过度担忧了吗？［J］．国际经济评论，2010（4）：139.

口，并对碳泄漏问题的真实存在性提出质疑。目前，碳关税问题的研究还处于政策探讨阶段。至于碳关税对碳泄漏问题的解决效果究竟如何，取决于政治、经济、地理环境、人文环境等复杂因素，而且需要经过国家实践和时间的检验，而不是靠理论和逻辑能够完全推断的。

3. 环境治理第二代机制

通过上文的论述可知，基于“污染者付费”的原则、理念，对高碳产品生产者征收碳税，使其承担碳减排成本是合情合理的。同时，由于发达国家和发展中国家在碳减排责任上存在差异，这种差异造成了碳泄漏现象，直接减损全球减排效果。因此，在采用碳税等减排措施的同时需要一种辅助手段，来减轻碳泄漏的不良影响。根据现有研究文献，很难确定碳关税在解决碳泄漏问题上的实效性究竟有多大。面对这种情况，不妨转换思考问题的角度。

碳关税直接为解决和预防碳泄漏问题服务，但是，消除碳泄漏的影响的最终目的是使全球的减排效果不受减损。因此，探讨碳关税的意义或存在的必要性，不应只是着眼于其作为边境调节税的调节功能，还应放大其发挥作用的空间，将其直接视为与碳税具有同等地位的低碳经济措施。对碳关税的评价标准将着眼于其对低碳减排的实效性。例如，假设某年全球减排总量预计达到 1000 亿吨，未实施碳关税时，由于碳泄漏导致实际减排量为 800 亿吨；下一年全球减排总量的目标保持不变，但是概念上实施了碳关税，虽然碳泄漏问题仍然存在，但是概念上的实际总减排量为 900 亿吨，则说明碳关税的实施抵消了碳泄漏对全球减排量的减损。也就是说，如果碳关税的减排效果超过了碳泄漏对减排的损害，即使对碳泄漏问题的解决作用不大，也不失其存在价值和意义。况且，发达国家提出碳关税的真实目的，是迫使发展中国家承担与其相同的减排责任。因此，碳泄漏是提出碳关税的导火索，减排责任的分担或转移则是其更深层次的原因。

按照这个思路，笔者从现代环境治理机制的角度，并结合碳关税的国家实践，分析评价碳关税对低碳减排的实效性。

（1）市场机制与命令和控制机制

目前，比较成熟的环境治理机制是命令和控制模式和市场机制。现代环境法发展趋势，是尽量减少强制性规定，通过法律法规直接的命令和控制模式与市场机制相比，在环境治理政策方面的地位逐渐退化。很多人认为，政府和公共机构应该多运用市场经济机制刺激手段，而不是用命令和控制规则来改善环境质量。目前，有四种基本的经济刺激手段：① 税、费；② 可转让的排污许可；③ 押金和返还制度；④ 信息战略。

税收作为重要的市场经济调控手段，应该为增加财政收入和达到环境保护目标而得到运用。如征收环境税，环境税通过改变比价以保证污染者承担其活动对环境造成的影响。同命令和控制手段相比，环境税的弹性更大，污染者可以以最有效的方式对市场信号作出反应，如安装污染削减设备、提高生产效率或者改变工艺过程等。采用税收手段这种市场机制治理环境具有成本低、效果直接的优势。碳关税是一种典型的环境税，属于环境治理政策中的市场机制，因此具有市场机制的普遍优势。在国际贸易中对产品征收碳关税，远远比直接规定排放标准的法规更灵活、更直接，对进出口商的经济刺激更灵敏，是一种更高效的减排措施。对于减排国家来说，对进口高碳产品征收碳关税比通过限制进口高碳产品的立法更具有立竿见影的效果。因为，一国的立法往往耗时长，法律条文措辞分歧大，而且最终能否通过会受到政治因素和国内利益集团的影响，往往旷日持久。而碳关税则是一种市场经济的刺激手段，一旦实施，价值规律便自动作用于相关产品和企业。因此，与强制性立法这种传统的命令和控制模式相比，碳关税更具有实现低碳减排的优势。

（2）碳税与限额——交易

市场机制包含两种碳减排路径：限额与交易（cap-and-trade）和碳税（carbon tax or fee），这两种机制的共同之处均是提高化石燃料的价格，使环境成本内化到产品中，最终由国内进口商和消费者承担①。这两种碳减排的市场机制哪种更具有优势，理论界展开了广泛的讨论。下面从两种方法的减排实效角度分析比较二者的利弊。

① 污染控制。《美国清洁能源法案》采取了限额与交易（cap-and-trade）的市场化措施。它是在限制温室气体排放总量的基础上，通过买卖行政许可的方式来减少排放。美国等发达国家对于空气品质未达标准的污染源（这些污染源多分布在发展中国家），依照其空气品质改善目标配给"容许排放权"，并规范其逐年应削减的排放量比例、达成的目标年及最终容许排放权。各污染源取得容许排放权后，即能于开放性市场中自由进行交易买卖。这一机制为《京都议定书》首创，旨在通过对排放权的限制来减少碳排放量②。

限额与交易，顾名思义，是从排放总量上规定减排目标。首先，在时间上给予污染源国家提高空气质量宽松度，采取"逐年考察"方式，将相关国家在目标年的指标

---

① Burney Nelson E. Carbon tax and cap-and-trade tools: market-based approaches for controlling greenhouse gases [M]. New York: Nova Science Publishers, 2010: I.

② 陈丹妮. 限制和交易（cap-and-trade）[EB/OL].（2009-03-25）[2011-06-01]. http://www.chinadaily.com.cn/language_tips/news/2009-03/25/content_7613949.htm.

分散为几年实现，分散了减排压力。其次，对减排量的考察标准是总量性的、非细节性考察，这样，污染源国家在制定减排目标时具有更大的灵活性，其可以根据能源产品的利润空间、出口需求、生产企业的经济实力、缩减某种能源对公众福利的影响等不同因素，对相关污染源的控制进行调配。与碳税相比，限额与交易显然更为温和。但是，其对污染的控制效果显然是有缺陷的。有学者已经指出，限额与交易，限制的只是排放总量，污染企业可能照常生产，而且易导致购买多余配额公司在污染地区的集中，可能造成公共安全问题①。

碳税直接针对具有相同碳含量的产品，在时间上是立即的，即货物到达进口边境之时；对排放量的考察直接针对具体产品，而不是扩大到相关部门或国家。因此，与限额与交易相比，碳税的减排效果更加明显。碳税的国家实践表明，碳税确实具有减少碳排放、保护环境的正面效果。碳税可以通过价格杠杆，刺激生产者转移燃料需求，从而影响税收的环境效果。实施碳税的大多数国家都在消费环节征税。在一些学者与研究机构看来，碳税比限额与交易制度更有利于控制二氧化碳排放，这种观点也得到了很多国家的认同，因此将来开征碳税的国家会逐渐增多②。

从控制污染这个角度来说，碳税比限额与交易更有效。

② 辅助手段——边境碳调节措施。无论是采取哪种减排措施，都会影响到减排国家国内产品的竞争力。因此，为了平衡国内产品与进口的竞争力，限额与交易及碳税各自采取了辅助措施——边境碳调节措施。限额与交易

① 詹艳．碳关税和碳税：何去何从？［J］．湖南社会科学，2010（6）：213.

② 黄文旭．碳关税相关概念辨析［J］．岭南学刊，2011（1）：73.

的调节措施是国际储备配额（International Reserve Allowance）①，碳税的调节措施是边境碳调节税——碳关税。国际储备配额的调整对象是与美国国内产品具有相同能源强度的进口产品，而碳关税的调整对象是与国内产品具有相同碳排放量（碳强度）的进口产品。能源强度亦称单位产值能耗，是指一个国家或地区、部门或行业单位产值一定时间内消耗的能源量，通常以吨（或千克）油当量（或煤当量）/美元来表示。一个国家或地区的能源强度，通常以单位国内生产总值耗能量来表示。它反映经济对能源的依赖程度，受一系列因素的影响，包括经济结构、经济体制、技术水平、能源结构、人口等②。碳强度是指单位GDP的二氧化碳排放量。碳强度高低不表明效率高低。一般情况下，碳强度指标是随着技术进步和经济增长而下降的③。从促进低碳减排的角度，两种边境碳调节措施的比较结论如下。

首先，碳关税的协调作用不低于国际储备配额计划。国际储备配额计划以能源强度为标准要求进口商购买配额。能源强度的范围与碳强度的范围基本一致，主要都是针对温室气体的代名词——二氧化碳，因此国际储备配额计划与碳关税调整的产品范围基本相同。实际上，很多学

① 国际储备配额的法律依据是《2008年利伯曼-沃纳气候安全法案》，该法案规定，从2019年1月1日开始，美国环境保护署署长应建立国际储备配额项目，目的是在国内产品实施了总量限制与交易的前提下，平衡同样能源强度的美国国内产品与进口产品之间的竞争力。该项目将不同国家配额以清单形式列出，美国国内进口商只要购买了清单上国家的进口产品，就必须按照清单规定购买一定的国际储备配额，从而弥补美国国内使用总量限制与交易的生产商配额的交易价格。

② 能源强度［EB/OL］．［2011-06-07］．能源强度 http：//baike．baidu．com/view/1935849．htm#1．

③ 碳强度［EB/OL］．［2011-06-07］．百度百科 http：//baike．baidu．com/view/2830578．htm．

者将国际储备配额计划直接理解为“碳关税”①，这从一定程度证明了碳关税具有与国际储备配额计划相当的调节作用。

其次，碳关税更有利于实现减排成本的内化。国际储备配额计划的实质性环节是进口商对配额的“购买”，这是一种市场交易行为，虽然购买初期要以清单为依据，但是对余额购买的价格会受到市场供需情况的影响。例如，美国的 A 进口商在本年度剩余 10 个配额，而 B 进口商需要购买 5 个配额，那么如果 A 为了扩大生产急需资金，很可能以折价的方式将配额出售给 B。此时，B 进口商以较低的价格购买到了配额。在配额所代表产品的碳含量不递减的情况下，B 进口商没有承担真实的环境成本，有失公平。而碳关税作为碳税的辅助手段，其税率政府制定的，具有固定性和相对稳定性，一定时期内受市场影响因素小。因此，碳关税比国际储备配额更有利于环境成本的公平内化。

再次，碳关税更有利于增强企业低碳减排的内在动力。无论是购买配额还是征收碳关税，均加重了企业的成本。企业为了抵消这种环境成本对经济利益的影响，需要采取解决措施。从实际情况来看，购买了国际储备配额的企业，最关切的问题是要么减少配额的购买，要么尽量将多余的配额出售，以换取资金。而被征收碳关税的企业，则只能考虑如何避免征税或征收较少的税，而不能将税负直接转让。因此，企业为了降低生产成本，便要花费更多

① 黄志雄．国际贸易新课题：边境碳调节措施与中国的对策［J］．中国软科学，2010（1）：1－2；李威．碳关税的国际法与国际机制研究［J］．国际政治研究，2009（4）：42－43；刘勇，朱瑜．碳关税与全球性碳排放交易体制的构建［C］//国际经济法面临的新格局与新挑战：中国视角：中国国际经济法学会年会暨学术研讨会论文集：四，2010：1305.

的财力和物力在节能技术研究上，寻找更便宜、更节能、更干净的替代品，促进技术的进步①。国际储备配额计划为企业降低环境成本提供了向内改进生产技术和向外出售生产成本两种路径，与碳关税相比，不利于促进企业从实质上改进技术，从而降低减排的真实效果。

此外，碳关税类似于碳税，是一种环境税，属于典型的政府宏观调控手段，具有一定的行政性。碳关税所征的税款一次性地直接落入政府手中，政府可以用来补贴低碳技术、改善环境、扶植低碳企业发展，或者用于改善民生，提高公众福利。这表明征收碳税可以达到保护环境和发展经济的双重目标。例如，斯德哥尔摩环境研究院副主任李来来于2009年在答记者问时提到：瑞典的碳税全球最高，已经达到了0.08欧元/千克二氧化碳。但从实施碳税的几年来看，其温室气体排放控制在低于1990年3.7%的水平，而同期的GDP增长则达到了25%②。而国际储备配额计划则更多地受到市场因素的影响，资金主要通过企业在自由市场中流通，国家只获得进口商初次购买配额上缴的费用。

综上，从环境治理的市场机制角度分析，无论是市场机制与非市场机制相比，还是将市场机制内部的两种具体减排机制及其协调措施进行比较，都可以得出结论：税收——碳税和碳关税，在低碳减排的实效性方面具有比较优势。

① 陈秀梅．碳税与许可证交易的对比分析［J］．番禺职业技术学院学报，2008（2）：31.

② 姜克隽，张玉卓，李来来，等．碳税三问［J］．商周刊，2009（24）：24.

第三节

碳关税的合法性探讨

目前，有关碳关税的最新主张体现在 2008 年美国《气候安全法修正案》以及 2009 年《美国清洁能源和安全法》之中①，尚属于一种单边环境－贸易措施。探寻碳关税的国际法的合法性，需要从多边环境协定中规定减排义务的《联合国气候变化框架公约》（具体是《京都议定书》），以及国际贸易管理法 WTO 规则两方面入手。目前，学界对碳关税的合法性探讨局限于其是否与 WTO 规则相符，但是碳关税首先是一种环境措施，其在国际环境法中的合法性是一个大的前提。因此，笔者对碳关税合法性的论述从国际环境法规则与国际贸易法规则——WTO 规则——两个层面入手。

一、京都议定书

全球变暖问题在 20 世纪 80 年代后期引起世界范围内的关注，1990 年联合国大会成立了政府间谈判委员会（INC），1992 年里约会议通过了《联合国气候变化框架公约》（UNFCCC）。其中一项具体要求是，到 2000 年发达

---

① 2008 年《气候安全法修正案》规定，美国即将向没有进行实质性减排的国家征收高额的碳关税；2009 年《美国清洁能源和安全法》中规定的国际储备配额制度与碳关税设计的目的异曲同工，美国官员和媒体直接将其称为碳关税条款。参见：李威. 碳关税的国际法与国际机制研究 [J]. 国际政治研究，2009 (4)：42.

在此之前，欧盟也提出过要求进口商购买排放配额的计划（ETS），但是至今此意愿并不明朗。参见：本・席勒. 欧盟 ETS 还能走多远 [N/OL]. 刘洋，译. 中国能源报，2011－05－02 (10) [2011－05－10]. http://paper.people.com.cn/zgnyb/html/2011－05/02/content_809047.htm?div＝－1.

国家应努力使温室气体的排放回复到 1990 年的水平。这个要求的具体化便是 1997 年 12 月缔约方签署的《〈联合国气候变化框架公约〉京都议定书》。《京都议定书》于 2005 年 2 月 16 日正式生效。

从 20 世纪到 21 世纪，人类活动导致的全球气候变化越演越烈。环境气象学家和生物病理学家一致认为，气候变暖是一个影响到全球各个角落的严峻、迫切、长期的挑战，人类不当活动导致了气候变化，因而人类必须改变自己的生活方式，采取切实行动保护自己赖以生存的地球家园。2006 年在日内瓦召开的全球气候变暖问题研讨会指出，全球气候变暖的趋势将越来越危及人类的生存环境。世界气象组织秘书长米歇尔·雅罗在研讨会上说，2005 年是高温、干旱、洪水等极端气象和气候现象频繁发生的典型一年。他认为，这与人类活动中产生的温室气体有关。2005 年全球二氧化碳的排放量增加了 33%，达到了地球有史以来的最高水平。20 世纪，全球平均气温升高了 0.6℃，到 21 世纪末全球平均气温将可能上升 1.4 ~ 5.8℃。到 2050 年，全球气候变暖将导致淡水资源的匮乏、粮食产量下降、生物物种大量灭绝；而且会使人类健康问题越来越突出，除了已经出现的艾滋病、埃博拉出血热、萨斯、新型禽流感等新疾病，今后 30 年可能还会有几十种新疾病出现①。

《京都议定书》第 3.1 条规定了 6 种必须减排的温室气体，其中二氧化碳的比例占到一半以上②。从发达国家

---

① 钱慰曾．气候变暖危及人类的生存环境［EB/OL］．（2006－01－27）［2011－06－08］．http：//gb．cri．cn/8606/2006/01/27/1745@877922.htm．Washington DC：

② PICC. Climate change：the PICC 1990—1992 assessment［R］．Island Press，1993.

开始，实施二氧化碳减排，带动发展中国家逐渐减排，最终实现全球碳排放大幅削减，是《京都议定书》的宗旨。《京都议定书》中并没有明确提及“碳关税”的字样，但是其第 2 条为发达国家提供了相当大的选择国内政策的灵活性，以满足其减少温室气体排放量的承诺①。可见，《京都议定书》为一国（尤其是富裕发达国家）采用国内措施实现减排的政策目标留下了法律空间。

二、WTO 相关规则

WTO 倡导的是贸易与环境协调发展的精神，碳关税的合法性能否在 WTO 的精神、原则和具体规则中找到依据、得到支持，需要深入探讨。

WTO 关涉的两大税种是关税和国内税。既然碳关税本质上是边境调节税，那么其属于 WTO 的国内税范畴。WTO 中的国内税的合法性，涉及 GATT 第 3.2 条，而无论是关税还是国内税，在 WTO 争端解决机制中，在不违背 GATT 第 1 条最惠国非歧视原则的前提下，可以援引 GATT 第 20 条进行抗辩。碳关税在 GATT/WTO 规则下获得正当性的法律依据主要涉及 GATT 第 1 条、第 3 条和第 20 条。目前，对碳关税在 WTO 规则中的正当性问题存在争议，一些学者认为碳关税是一种单边措施，与 WTO 规则相违背；但是大多数学者的主流观点认为，WTO 规则可以容纳碳关税措施。

1. GATT 第 1 条

GATT 第 1 条②的实质内容是强调最惠国待遇，即任

---

① Zhang Zhongxiang，Assuncao Lucas. Domestic climate policies and the WTO [J]. The World Economy，2004，127 (3)：359 - 386.

② 石广生. 中国加入世界贸易组织知识读本：二 [M]. 北京：人民出版社，2001：499 - 500.

何缔约方给予来自或运往任何其他国家任何产品的利益、优惠、特权或豁免应立即无条件地给予来自或运往所有其他缔约方领土的同类产品。最惠国待遇的内涵，要求任何一项碳关税措施，必须同等对待产自不同国家的含碳产品。例如，美国如果对产自中国的铁制品和产自欧盟的相同的铁制品征收不同的碳关税，则违反了 GATT 第 1 条最惠国待遇原则。一国的碳关税措施符合最惠国待遇，其征税基础必须锁定产品的碳含量，而不是其他非碳排放或碳含量因素，如产品生产国的对低碳经济与气候变化的政策态度，或其与进口国在贸易利益上的紧密性等。

但是，碳关税的最惠国待遇要符合各国实际情况。美国海虾案①中，美国败诉的原因之一在于一味地要求他国必须采用美国规定的海龟保护设施，而不管他国是否已经采用符合本国国情的设施，构成了实际意义上的歧视。因此，碳关税要理性化征收，一方面要避免成为贸易保护的壁垒，另一方面也要适当照顾各国由于不同的经济发展阶段而导致的碳排放承受能力的差异②。

因此，至少未来不短的时间里，发达国家与发展中国家不应当适用同一套碳关税政策。例如，美国在其国际储备配额计划中，规定了一些豁免的情况，如：被美国确认为最不发达国家之一；美国总统认定只构成全球温室气体排放量的 0.5% 以下，并且适合行业的所涵盖产品的进口量占美国总进口量的 5% 以下③。同样，如果到 2020 年，美国切实开始实施碳关税，则也应该考虑类似的豁免。

---

①　案件编号：WT/DS58/AB/R.

②　宋新刚．碳关税：世界经济发展的一把双刃剑［J］．全国商情：理论研究，2009（22）：120.

③　李响．“碳关税”合法性分析及中国的对策［D］．北京：外交学院，2010：6.

2. GATT 第 3.2 条

GATT 第 3.2 条①规定的是国内税不得违反国民待遇原则，碳关税的性质属于边境调节税，因此是一种国内税措施，属于 3.2 条的管辖范围。GATT 第 3.2 条规定对国内税的国民待遇要求是，一成员国对本国产品和来自其他成员国的进口相同产品，必须征相同的税，不得出于保护本国生产的目的，直接或间接对进口相同产品征收高于本国产品的税。违反 3.2 条的国内税就是常说的“歧视性征税”。歧视性征税的判断包括两种情况：① 相同产品之间，对进口产品的征税“高于（in excess of）”本国产品；② 具有直接竞争或替代关系的相同产品之间，税率不同（not similar taxed），目的是保护国内生产。

鉴于这两种歧视性碳关税条件，判断碳关税是否符合 GATT 第 3.2 条需要分析以下法律点：① 相同产品的界定；② 税率“高于（in excess of）”或“不同（not similar taxed）”的判断；③ 保护本国生产的目的。

对法律点②给予进口产品的税率“高于”相同国内产品的税率，WTO 判例争议不大，通常认为哪怕是一点点的“高于”也是违法的。因此，对税率“高于”的解释是非常严格的。而对“税率不同”或“没有征相同的税”则较为宽泛一些，与“高于”相比，在量上可以允许一点点的超过，只要超过量不足以证明是为了保护国内生产即可。因此，“税率不同（not similar taxed）”的判断比“高于（in excess of）”的界定更加宽松和灵活，通常根据个

---

① GATT1994 附件 I 对 3.2 条进行具体解释，规定“只有在已税产品与未同样征税的直接竞争或替代产品之间存在竞争的情况下，方被视为与第二句的规定不一致”。也就是说，对相同产品必须相同征税；对与本国相同产品存在直接竞争或替代关系的进口产品，不得基于保护国内生产的目的而不同征税。参见：石广生．中国加入世界贸易组织知识读本：二［M］．北京：人民出版社，2001：503－504.

案判断。即使碳关税的税率超出国内碳税税率的量很大，也不一定构成歧视性征税，因为这个法律点还存在两个附加条件，即被征收碳关税的进口产品与已征碳税的国内相同产品之间存在直接竞争或替代关系，且该碳关税是为保护国内产品而设置。

对法律点③保护国内生产的目的，需要进行全面考量和综合评价。考察的范围通常包括措施的设计、内部结构、外部表现等①，评价的标准更偏向于税收措施的实际效果，而非措施制定者的主观意愿。因为税收的主观目的不易求证，而 WTO 判例实践认为，剖析税收的结构设计能够为确定税收的目的提供证据②。如果一项碳关税措施在客观上确实保护了国内生产，即使碳关税实施国的主观意愿是减少碳排放，那么，该项碳关税措施也是违法的。例如，承担减排责任的某国，对国内石油产品征收了碳税，税率为 A，该国为了预防碳泄漏以及平衡本国石油在国际市场的竞争力，对相同的进口石油征收了税率为 B 的碳关税。如果 B 略超过 A（超过量用 C 表示），当 C 使本国石油保持了与进口石油相当的竞争力时，则该项碳关税是合法的；当 C 使本国石油的竞争力超过了进口石油时，则该项碳关税是不合法的，因其客观上保护了本国石油生产。

对法律点①相同产品的界定，WTO 法理学和判例提供了四种标准：产品的最终用途，产品的特性、性质及质量，不同国家消费者的品味和习惯，关税分类。这四种标准限于对成品本身的考察，而不包含产品生产加工过程中

---

① John H Jackson. Legal problems of international economic relations ［M］. 4th ed. Minnesota：West Group Press，2007：500 - 501.

② 杨向东. WTO 体制下的国民待遇原则研究 ［M］. 北京：中国政法大学出版社，2008：50 - 51.

的相关因素，如生产过程中对环境的污染等。碳关税措施中所指的“相同产品”是指具有相同碳排放量的产品，是一种环境因素的衡量指标。因此，采用碳含量标准界定碳关税措施中的相同产品，对上诉四种标准形成新的挑战。有学者认为，基于二氧化碳排放量区分高碳产品和低碳产品，违背了上述 WTO 对相同产品界定的四种通常标准，而且没有考虑到个别国家的能源效率和减排技术，因此有违公平①。

铝、钢、铁、水泥甚至一切产品的生产过程中都会消耗化石能源，释放出二氧化碳，特别是能源密集型产品，其生产过程中耗能大，是释放二氧化碳的主要产品。内涵碳型产品属于 GATT 第 3 条所管辖的“产品”。GATT 第 3 条遵循的四种界定相同产品的标准，关注的都是最终成品的适用特性和消费倾向。生产过程中的能耗与排碳量凝结在产品中。

将产品凝结的碳含量作为界定产品相同性的标准，唯一的途径是将产品生产加工方法（PPMs）引入 GATT 第 3 条对相同产品的判断中。PPMs 分为两种具体标准：① 与产品有关的 PPMs，如为了保证消费者的健康，要求采用清洁技术和条件处理进口肉产品的措施。② 与产品无关的 PPMs，如劳工标准、环境保护。碳关税依据的产品碳含量分类标准属于基于环境保护的与产品无关的 PPMs，是一种争议性较大的标准。目前，由于环境问题的日益突出，该标准引起 WTO 理论研究者的关注和提倡，但是判例中并无直接的实例。

将碳含量作为界定碳关税调整产品的相同性标准，可

---

① 夏璐．国际法框架下“碳关税”合法性分析［J］．法制与社会，2010（7）：103 - 104.

以采用的途径有：① 引入 PPMs 标准；② 完善充实消费者偏好这一标准。首先，提高消费者的环保意识，如采用宣传教育的方式，通过网络等多媒体途径播放有关气候变化的文字资料、音频及视频。其次，为具有环保型消费倾向的消费者提供碳信息，如在消费场所设立碳信息公布点，或以电子屏幕的方式公布碳含量统计数据，还可以直接将碳信息标注在商品上，方便消费者选择。

3. GATT 第 20 条

如上所论，碳关税在第 GATT 第 3 条项下获得正当性尤待商榷。但是，GATT 第 20 条环境例外为其正当性另辟蹊径。

美国汽油案中，上诉机构确定了适用第 20 条的顺序：先审查争议措施是否符合具体例外条款（a ~ j）；如果措施符合具体例外的规定，则要审查争议措施是否符合 20 条序言的规定①。碳关税问题涉及的是第 20 条（b）、（g）两款。第 20 条（b）款规定的是保护人类、动植物生命及健康所必需的措施；（g）款规定的是与保护可用竭的自然资源有关的，而与限制国内生产与消费一同实施的措施。第 20 条序言规定的是，具体的例外措施在实施过程中，不能变相限制国际贸易或者在情形相同国家间形成武断的、不合理的歧视。温室气体排放导致气候变化、全球变暖，引起一系列极端的自然灾害，并最终有害于人类生命健康。碳关税作为一种低碳减排措施，其目的是为了减少温室气体排放量，保护清洁的空气资源，为人类的健康生活提供保障。因此，碳关税首先与第 20 条（g）款发生关

① John H Jackson. Legal problems of international economic relations [M] . 4 th ed. Minnesota: West Group Press, 2007: 555. Charnovitz Steve. The WTO' s environmental progress [J] . Journal of International Economic Law, 2007, 10 (3): 685.

系，然后与第 20 条（b）款发生关系。

（1）碳关税适用第 20 条（g）款的要件

① 碳关税保护的自然资源是可用竭的。美国汽油案成为将“清洁空气”定性为可用竭的自然资源①的先例，被之后的裁判所遵循。碳含量不超标的空气的确已经是一种“可用竭的自然资源”。2006 年在日内瓦召开的全球气候变暖问题研讨会上，多位专家学者已经为人类敲响了珍惜和保护清洁空气的警钟。美国海虾案中，上诉机构认为对“可用竭的自然资源的解释”必须考虑到一国现行的环境保护政策②。低碳减排、防止全球变暖已经成为世界性话题和各国环境政策的重点，因此，碳关税符合适用第 20 条（g）款的第一个要件。

② 碳关税与可用竭自然资源的保护是“有关的”。这一点很容易证明，因为碳关税与二氧化碳减排具有直接的、必然的关联③。通过对进口产品征收碳关税，提高了未采取减排措施的出口国的产品成本，从而促使他们采取减排措施。碳关税有利于防止或减少碳泄漏造成的影响，

---

① WTO Appellate Body Report. United States：Standards for reformulated and conventional Gasoline（US：Gasoline）[Z]. WT/DS2/AB/R，adopted on 20 May 1996，para129.

② WTO Appellate Body Report. United States：Import prohibition of certain shrimp and shrimp Products（US：Shrimp）[Z]. WT/DS58/AB/R，adopted on 6 November 1998，para153.

③ 美国汽油案中，将有关定性为“实质关联（substantial relationship）”，措施与保护目标之间并非“偶然的非故意的关系（incidentally or inadvertently）”。美国海虾案中，上诉机构认为，如果规制海虾捕捞的措施意图将对海龟的伤害降到最低，那么该措施必须与保护海龟具有直接关联性（directly connected with）。See WTO Appellate Body Report. United States：Stadards for reformulated and conventional Gasoline（US：Gasoline）[Z]. WT/DS2/AB/R，adopted on 20 May 1996，para 19. Also see WTO Appellate Body Report. United States：Import prohibition of certain shrimp and shrimp products（US：Shrimp）[Z]. WT/DS58/AB/R，adopted on 6 November 1998，para 135.

对全球减排效果进行修正。因此，碳关税符合适用第20条（g）款的第二个要件。

③ 碳关税措施与国内减排措施一同实施。碳关税本质上是一种边境调节税，目的是为了平衡国内已征碳税或采取其他减排措施的产品与进口未采取减排措施的产品之间的竞争力。因此，碳关税必然是与国内碳税或其他减排措施一同实施的。显然，碳关税符合适用第20条（g）款的第三个要件。

（2）碳关税适用20条（b）款的要件

① 碳关税旨在保护人类、动植物的生命或健康。气候变化的威胁已经是一个不争的事实，近年来许多罕见疾病的出现，粮食危机以及碳税资源危机预示着人类在气候变化的紧迫形势下，面临着健康与生存危机。碳关税措施有利于对企业施加减排压力，促进企业改进技术，进行低碳生产，实现温室气体减排，减缓气候变化与全球变暖。因此，碳关税有利于保护人类、动植物生命或健康。

② 碳关税是保护人类、动植物的生命或健康的一种必需性措施。通过第二章对“必需”的论述可知，与“必需”相符的碳关税需要满足以下条件：第一，碳关税措施的目标是关乎生命、安全的重大公共利益；第二，碳关税对目标的实现有促进作用；第三，没有合理可行的、对贸易的限制更小的、与WTO不一致程度更低的替代措施。前两个条件很容易满足，不再赘述。第3个条件有关替代措施的判断存在很大争议。有学者认为，实现企业减排目标，除了碳关税措施，一国还可以实行进口禁令，征收反倾销税、反补贴税或惩罚性关税等措施。这些措施同

样违反 GATT，且与 GATT 不一致的程度不见得低于碳关税①。还有学者认为，随着 WTO 涉及环境贸易的案例的增多，环境保护价值对自由贸易的不断冲击，对于最小贸易限制的要求已经逐渐转向对公共健康的维护。而且，如果严格要求替代措施的存在，几乎每一项措施都可以基于各种理由找出替代措施②。从减排目的出发，尚有其他合法有效的手段，如向发展中国家转让新能源开发技术、提供资金和服务的保障，以帮助其控制在生产环节排放的温室气体③。笔者认为，对第三个条件替代措施的考察，既不能完全放弃，也不能过于严格死板，而是要随着贸易环境的现实发展进行价值衡量。

（3）碳关税适用第 20 条序言的要件

碳关税要符合第 20 条序言，需要是非武断的、不构成不合理的歧视，也没有造成对国际贸易的变相限制。在美国海虾案中，上诉机构对第 20 条序言的解释和运用有重大影响：对武断或不合理歧视的判断不应停留在表面，而要进行实质判断④。美国要求其他国家采取与美国相同的海龟保护设备，表面看起来没有歧视，但是其没有考虑其他国家已经安装了具有同等功效的设施，因此构成了实质的歧视。评判碳关税与第 20 条序言的相符性，需要根据具体碳关税措施的实际执行情况进行。由于碳关税还没

---

① 梁咏．WTO 框架下碳关税可能引致的贸易争端与解决［J］．法学，2010（7）：81.

② 李响．“碳关税”合法性分析及中国的对策［D］．北京：外交学院，2010：13.

③ 何娟．碳关税：新的绿色贸易壁垒抑或 WTO 环境保护豁免［J］．世界贸易组织动态与研究，2010（3）：58.

④ WTO Appellate Body Report. United States：Import prohibition of certain shrimp and shrimp products（US：Shrimp）［Z］. WT/DS58/AB/R，adopted on 6 November 1998，para 160.

有形成国家实践，因此，只能使碳关税的制度设计尽量符合第 20 条序言的规定。

首先，碳关税的征税基础应当限定于产品碳含量，而不应考虑其他因素。只要产品的碳含量相同，无论产品来自哪个国家，都应征收相同的碳关税。

其次，一国对进口产品征收碳关税时，要考虑实际效果，不能因进口产品的生产国未采取与本国相同的减排措施而对其产品征税。也就是说，碳关税在（税率）结构设计上要考虑相关国家的实际情况，如果未承担减排义务的国家实际采取了效果相当的减排措施，那么对碳关税税率的确定，需要进行广泛深入的探讨。发展中国家的技术水平较低等，即使在实施相同减排措施的国家之间适用不同的税率，也可能不构成武断或不合理的歧视。“表面差异”不等于“实质歧视”；经过普遍认可的差异，即使表面上是歧视性的，但是这种歧视并非武断或不合理的。

4. 小结

GATT 第 20 条与第 3 条相比，为碳关税提供了更大的合法空间。有学者认为，在 GATT 第 20 条项下，多边环境措施的合法性更容易得到肯定，因为措施实施国可以基于环境措施的法律依据是某款国际协定，其目标是解决国际社会共同关注的环境问题，从而解除了环境措施成为一种单边的贸易保护之嫌，而具有更大的合理性①。这种观点有一定的合理性，因为通常理解，一款多边环境协定的达成必然是为了解决国际社会共同关切的重大问题，其保护的利益必然是涉及人类利益和福祉的重大公共利益。美国汽油案中，WTO 似乎倾向于采用多边环境协定而非单

---

① 王慧．环境税合法性研究［D］．重庆：西南政法大学，2009：123.

边措施，解决跨境环境问题①。

如果一项环境措施是某款多边环境协定所明文规定，或者虽然不是明文规定，但是对促进该协定目标的实现具有举足轻重的作用，那么该环境措施所保护的利益必然是更符合 GATT 第 20 条的。如果碳关税措施具有多边环境协定的法律支持，那么，其在 GATT 第 20 条项下的合法地位会得到加强。碳关税对实现《京都议定书》的减排目标具有促进作用。因此，《京都议定书》在一定程度上或许可以成为增强碳关税在 GATT 第 20 条下获得正当性的筹码。

总之，原则上，WTO 允许成员方在国民待遇的基础上，对进口的相同产品征收不超过对本国相同产品征税的边境调节税。根据 WTO 规则，边境调节税可以对产品和投入到最终产品中的材料征税是否可以对产品生产加工过程中消耗掉的能源征税是有争议的，并不完全符合 WTO 规则，其实质是 WTO 能否管辖到本质上属于国内管辖的生产与加工方法。

从国际法、WTO 规则的角度看，碳关税有合法性的因素，也有不太合法的地方。可以反对实行，但是不能彻底否定。最近，WTO 已经放出风来，碳关税只要设计合理，是符合 WTO 原则的。而且，WTO 已经意识到，其规则有必要扩大对环境税费的容纳程度②，给予环境税费更大的合法空间，使其在 WTO 规则内的合法性更加明确。

---

① WTO Appellate Body Report. United Stated：Standards for reforuulated and conventional Gasoline（US：Gasoline）［Z］. WT/DS2/AB/R，adopted on 20 May 1996，paras. 208 - 209.

② World Trade Organization. Taxes for environmental purposes［EB/OL］.［2011 - 04 - 02］. http：//www. wto. org/English/tratop_ e/envir_ e/envir_ backgrod_ e/c3s3_ e. htm.

第四节

施行碳关税的现实动力

温室气体排放的危害是全球性的，其减排不同于局部地区的空气质量改善或水治理，其实施需要世界各国的通力合作。一国实施减排政策时通常会综合考虑到对本国发展的影响，通常不会单独制定国内政策来解决全球性问题，而是需要其他国家履行相应的减排行为①。也就是说，一国实施减排措施需要具有足够的现实动力。

碳关税不仅具有理论上的可行性以及一定的法律合理性，环境保护的目标为其增添了伦理道德的色彩，同时，碳关税的实施问题牵涉到国际和国内的各种宏观或微观的经济利益，富含了国家之间政治力量的博弈，涉及一国的能源安全和在碳国际格局中的地位。这些经济、政治、环境、伦理等不同因素，为碳关税的实施提供了现实的动力。

一、经济动力与压力

1．发达国家的经济动力

发达国家提出碳关税的理由是防止碳泄漏，以及平衡国内已征碳税或采取其他减排措施的产品的国际竞争力，其背后的深层次原因是发达国家试图通过碳关税在国际低碳经济发展中掌握经济霸权。碳关税是美国巩固其在低碳

---

① Veel Paul-Erik. Carbon tariffs and the WTO：an evaluation of feasible policies [J]. Journal of International Economic Law，2009，12 (3)：753.

经济中的主导地位而打出的一张“能源牌”①。美国能源部在《清洁能源未来》研究中分析了碳税对美国经济产生的替代效应，指出：实行碳税可以产生两倍减排量，但对经济的影响很小，全国的能源服务成本增加也较小②。能源部的统计消除了之前美国民众对征收碳关税会对就业及经济增长产生负面影响的担忧，碳关税在美国获得广泛的民众基础③。

以美国为首的发达国家把低碳经济当作一个新的经济增长点，而征收碳关税是这个增长点的助推器。碳关税的以下经济功能是发达国家推行它的动力。

① 碳关税能够弥补减排产品竞争力损失，发达国家可以借机恢复本国工业。处于经济危机后复苏阶段的发达国家，面临国际油价的上涨趋势和新兴经济体的兴起，为了维持并恢复本国工业的国际市场份额，积极征收“碳关税”，用以抵制来自发展中国家的石油燃料的价格控制和涨价④。

② 碳关税促进低碳减排，有利于发达国家低碳技术的出口贸易和转让。目前，发达国家的清洁能源技术和绿色环保技术远远领先于发展中国家。如果碳关税制度付诸实施，发展中国家迫于减排压力，必然急于改进国内低碳技术，而本身技术水落后的发展中国家，短期内只能从拥

---

① 刘琳．美国大打能源牌欲稳做世界经济领头羊［EB/OL］．(2009－07－16)［2011－07－01］．http：//www．nbd．com．cn/newshtml/20090716/20090716025424530.html

② 刘惠荣，杨凡．《京都议定书》对我国碳税制度的影响［C］//资源节约型、环境友好型社会建设与环境资源法的热点问题研究：全国环境资源法学研讨会论文集，2006：493.

③ O’Connor Robert，Richard Bord，Brent Yarnal et al. Who wants to reduce greenhouse gas emission?［J］．Social Science Quarterly，2002，83 (1)：1－17.

④ 裴长洪．对未来世界经济发展趋势的若干认识［J］．中国经贸导刊，2010 (1)：12－14.

有技术资源的发达国家购买先进技术。

③ 碳关税有利于促进发达国家的国内就业。实施碳关税，发展低碳经济，能够促使能源、技术、产业向绿色转变。新兴的低碳行业逐渐兴起，为国民提供新的就业岗位。就美国而言，如果征收碳关税，而冲抵清洁能源 50 亿美元的减税额度，则可以创造大约 40000 个就业岗位[①]。

2. 发展中国家的经济压力

与发达国家相反，实施碳关税对于发展中国家来说经济上的压力多于动力。

① 碳关税直接影响发展中国家出口产品的竞争力。发展中国家出口到发达国家的产品很多是能源密集型产品，加之发展中国家能源效率低，这些产品一旦被征收碳关税，其环境成本立即增加，其在国际市场中的竞争力锐减。出口产品竞争力的下降直接影响到出口国的产业效益，并且这种影响是深远的。有学者利用 41 部门的动态 CGE 模型，评估碳关税对我国产业的冲击，结果表明：30 美元或 60 美元每吨碳关税税率可能使工业部门的总产量下降 0.62% ~1.22%，使出口品出口量分别下降 3.53% 和 6.95%，同时使工业部门的就业下降 1.22% 和 2.39%，而且以上冲击可能在 5 ~7 年甚至更长的时期内产生持续影响。尤其值得注意的是，通常被认为不属于能源密集型或碳密集型行业的电气机械器材制造、仪器仪表办公机械制造等机械制造业的出口和就业可能面临较大冲击[②]。可见，碳关税是发达国家打击我国出口产业的有力手段。

② 碳关税迫使发展中国家进口低碳技术和设备。对

---

① 奥巴马内达华大学讲话 [EB/OL]．(2010 -07 -09) [2011 -05 -09]．http：//gb．cri．cn/27824/2010/07/11/107s2916278．htm．

② 沈可挺，李钢．碳关税对中国工业品出口的影响：基于可计算一般均衡模型的评估 [J]．财贸经济，2010 (1)：82．

于发展中国家来说，改变生产方式、采用低碳环保型技术和设备进行生产是迫在眉睫的选择。而绿色技术和设备的资源掌握在发达国家手里，其出售给发展中国家时，占据着专业知识和信息的优势，这种优势很容易导致不公平交易，结果是发达国家通过技术出口获得暴利，发展中国家则以高价购买了非核心技术。由于技术的国际转让涉及复杂的知识产权问题，发达国家更有理由保留其关键性的核心技术及信息，从而保持其技术领先的地位，维护其经济霸主地位。

③ 碳关税迫使发展中国家改善产业结构。发展中国家由于生产技术落后，产业结构不合理，大多是能源密集型的三高（高耗能、高污染、高碳）产业。这些产业均属于碳关税的征税对象。因此，发展中国家必须调整产业结构，寻找替代能源，从产品的整个生命周期进行低碳改革，包括产品的原料选择（低耗能、低污染、低排放）、生产加工方法（绿色技术和设备）、成品运输（电能代替石油，尽量不选择空运）过程。

在碳关税问题上，短期内，发达国家获得更多的经济动力，而发展中国家则承受更多的经济压力。如果动力大于压力，则碳关税的天平会倾向于发达国家；否则，会向发展中国家倾斜。从长期来看，碳关税不仅对发达国家自身的国民经济和国际贸易有益，而且会促进全球范围内低碳经济的发展，包括发展中国家经济的可持续增长，这为碳关税天平上发达国家一端增添了砝码。碳关税的施行实际上是发达国家与发展中国家之间的一场经济实力和经济利益的博弈。

二、政治博弈

金融危机之后，新兴经济体在稳定世界经济中的作用越加突显。中国提出，结束全球为美国埋单的命运；美国则提出对以中国为首的发展中国家的相关出口产品征收碳关税，以此打击这些国家的出口潮，破坏这些国家的经济发展和社会稳定①。由此可见，低碳经济背景下的碳关税问题的背后，是国家政治力量的较量。无论主张征收碳关税，还是反对征收碳关税，都是一国显示自己政治存在的手段，以及表达和争取国际话语权的途径。

发达国家与发展中国家在碳关税问题上进行激烈的政治博弈。发达国家主张征收碳关税，强调共同但有区别责任中的“共同”责任，认为发展中国家也应采取相应的减排措施，否则会发生碳泄漏，抵消发达国家为碳减排所做的努力，影响全球碳减排效果。发展中国家则反对征收碳关税，强调共同但有区别责任中的“区别”责任，认为发展中国家不应为发达国家经济发展历史中对环境的破坏埋单，因为“谁污染，谁付费”是一款基本的环境治理原则。很多发展中国家的学者认为碳关税是一种披着环境保护外衣的贸易壁垒，违反 WTO 规则，并认为碳排放只是一个幌子。发达国家的学者则积极证明碳关税的可行性以及在 WTO 法中的正当性。

政治博弈的力量在碳关税的实施问题上发挥了作用，如法国大力倡导后又退缩，但是仍没有放弃其征收碳关税的主张；欧盟至今态度也不明朗。政治博弈的背后是经济利益，如果不是关乎一国的经济利益，任何国家不会提出毫无利益价值的政治主张。因此，政治博弈的胜负很大程度上取决于经济利益的驱动和经济实力的较量。

---

①　杨明珠．碳关税的法律解读与中国的立场［J］．西南石油大学学报：社会科学版，2011（3）：37.

三、道德伦理

保护环境是全人类共同追求的目标和愿景，碳关税的环境保护初衷和功能使其在顺利实施过程中占据道德伦理上的制高点。作为发展中大国，我国要有大国情怀，以全球利益和全人类福祉为己任，即使在经济上或政治上与美国等发达国家有冲突，也不得不承认碳关税在低碳减排中的特有功能和积极意义。

无论是经济驱使，还是政治使然，都不能否定碳关税的环境意义，至少从措施初衷上看是这样的。首先，碳关税保护的利益涉及自然资源和人类生命健康等关乎全人类的重大利益。从道德层面讲，实施碳关税具有紧迫性。碳关税具有环境保护的功能，尤其是有促进发展动力——能源产业——升级换代的重要功能。

从伦理道德的应然与完美角度考虑，基于全人类生存发展的大局，发达国家和发展中国家均应正视碳关税问题。双方不应互相指责与推脱责任，应当面对现实情况，积极合作，解决全球性碳减排问题。发达国家与发展中国家应各退一步：发达国家不再以打击发展中国家的出口贸易为目的，向发展中国家提供低碳技术和资金帮助；发展中国家不再强调是否为发达国家埋单的问题，而是积极改善本国能源技术和产业结构，对环境主动治理。与其纠结于谁破坏了环境，不如致力于环境治理，促进本国经济的可持续发展。

然而，道德伦理在很大程度上只是人们的一种追求，法律毕竟只是最低限度的道德。主权国家在国际社会中的行为主要还是经济行为和政治行为，其经济利益对国家在国际社会中的言论及态度起着根本性的决定作用。发达国家和发展中国家的经济利益不同，而且经常是对峙的，决定了发达国家和发展中国家在碳关税上的态度很难一致。从目前的发展趋势来看，发达国家占据优势，发展中国家仍然面临未来被征收碳关税的危机。因此，对于发展中国家来说，需要制定积极的应对措施，以免一旦碳关税开征，处于措手不及的尴尬境地。

四、小　结

对碳关税目前存在种种疑问，碳关税也有种种缺陷，但是其必要性和可行性也是不言而喻的。碳关税首先是一种低碳减排措施，而碳关税可能成为贸易壁垒，是其实施过程中有可能出现的一种弊端，这种弊端不是碳关税本身的缺陷，而是其实施国主观造成的，不能因为碳关税的实施者目的上的瑕疵，而否定碳关税这种措施本身的价值。而且，国际贸易实践中，任何一种措施都有可能成为贸易保护的工具，如补贴、技术规范等，但是却没有因此而取消其措施本身。如果为了保护更大的价值利益，尤其是至高无上的公共利益，而有必要实施某种措施，但是该措施并非完美，那么解决问题的思路首先是改进措施。如果无法达到预期效果，则方可放弃。况且，碳关税制度并没有付诸实施，尚处于商讨阶段，其实际效果未定。能否施行、能否完善，要看其将来发展与实践。

第五节

中国对碳关税的立场及对策

在碳关税问题上，发达国家与发展中国家形成支持与反对两大阵营，作为发展中大国，我国的态度极为重要。我国的基本立场应该是：实施碳关税，既要有助于发展低碳经济的目标，又要避免发达国家将碳关税作为贸易壁垒打击我国出口产业。因此，我国应对碳关税问题的对策要兼顾环境利益与经济利益的双重标准。

在发达国家大力倡导实施碳关税之时，发展中国家普遍反对碳关税，因为碳关税实际上首先是针对发展中国家的，并主要针对特定产业的出口。发展中国家认为，对发展中国家施行碳关税至少有以下三个问题：① 碳关税是对相同货物相同待遇规则的国民待遇原则的违反；② 是一种伪装的贸易保护主义；③ 实际上破坏了“共同但有区别的责任”原则。第一，现在国际上温室气体减排的原则是“共同但有区别的责任”，发展中国家不承担任何量化减排的责任，以使发展中国家在发达国家大规模历史排放阴影下实现经济发展，而碳关税是与这一原则相冲突的。第二，发达国家对气候变暖的历史责任巨大，应该由他们通过国内减排和对发展中国家进行资金和技术支持来履行他们的历史义务和现实义务。第三，即使实行了碳关税，对碳排放的影响很小，对国际贸易和发展的影响却很大。发展中国家，尤其中国、印度受影响更大。第四，如果对进口商品课以碳关税，却把收上来的钱用于补贴本国企业，而不是去补贴生产国的企业减排，碳关税就根本起不到减少生产国碳排放的作用。这是由出口产品的生产者纳税，而我国主张应该由出口产品的消费者纳税。

在碳关税这个问题上，发展中国家的立场是持否定态度，其反对碳关税的理由主要是质疑其合法性及实效性。无论国际上对碳关税的性质、合法性及可行性存在多么纷繁复杂的探讨，当历史的车轮转动到低碳经济时代时，征收碳关税已经成为一种来势可观的趋势。我国应当“中性”地看待碳关税，承认其作为低碳减排措施的现实意义，并积极制定应对措施，谨防发达国家将其作为贸易壁垒限制我国的出口以及相关产业的生存与发展。

作为发展中的大国，我国既不能背离大多数发展中国家的立场，也不应局限于发展中国家反对碳关税的普遍理由，纠结于碳关税不应征收这个问题。而应变被动谴责为主动出击，积极迎接低碳经济时代碳关税的挑战，充分考虑我国应该如何应对碳关税问题，维护中国在低碳经济时代的大国地位。为了实现我国在哥本哈根会议上提出的到2020年单位GDP二氧化碳排放比2005年降40%～45%的行动目标，出台包括开征碳税这样的政策是大势所趋。关键是这些政策应当如何制定、如何实施、如何才能达到最佳的效果①。

我国对碳关税的对策应本着以下原则：实施符合我国国情的碳税制度；防止我国出口产业受到发达国家碳关税壁垒的冲击；保证碳税制度的实效性。

针对我国如何应对碳关税问题，笔者提出以下对策建议。

（1）对策之一：可以考虑我国自己实行碳税，税收用于国内减排，这可以避免或者减少外国对我国出口产品的碳征税

这一决策要考量下列因素：① 实行碳税是国际大趋势，欧洲现在很多国家都实行碳税。② 目前情况下，我国不征别国也要征。这笔税款被外国政府收去，我国没收着。③ 如果我国收了碳税，可以补贴企业，专款专用，用于减排和环境保护。④ 通过碳税对碳密度高的产品进行限制，有利于经济结构向“资源节约，环境友好”方向调整。⑤ 实行碳税的国家往往降低企业所得税，降低企业支付劳保的费率。通过这些办法，企业的综合成本并没

① 谭浩俊．碳税不是一个“征”字了得［N］．中华工商时报，2010－06－11（C10）．

有提高或者提高不多，但是更加向减排倾斜。高碳排放企业受到一些影响，还可以采取很多补救措施。⑥ 实行碳税的一些国际通行的做法我国也可以采取。⑦ 设计得当，补偿措施得力，总的经济增长、就业增长不一定受到很大损失。有学者从实证角度分析，得出结论：实施碳税对国民经济、居民消费、固定资产投资和劳工就业都起到的拉动作用，从整体上来说，实施碳税是有利的[①]。

我国实行碳税的负面因素包括：① 征收碳税会增加国内企业的成本，降低出口产品的竞争力，使已经备受金融海啸影响的出口雪上加霜。② 我国产品的能源效率低，即使征了碳税，可能还是与产品进口国家单位能耗量有差距，还可能被补征。据国家统计数据，中国现在每百万美元 GDP 所消耗的能源数量是美国的 3 倍、德国的 5 倍、日本的近 6 倍。中国 1 吨煤产生的效率仅相当于美国的 28.6%、欧盟的 16.8%、日本的 3% ~10%。高投入、高消耗必然带来高污染和低效益，中国现在经济增长成本高于世界平均水平 25%[②]。

近年来，我国一直努力调整经济结构、转变发展模式，走科学发展的道路。碳关税固然有打压中国贸易空间的意图，但也可能成为我国经济转型、升级的外部压力[③]。碳关税既是新的贸易壁垒和压力，也可以化为促进产业结构升级、发展低碳经济的外部动力。

---

① 田红莲．基于低碳经济的中国碳税实施研究［D］．天津：天津大学，2010：38.

② 李静云．碳关税重压下中国该如何破“壁”？［N］．中国环境报，2009-08-20（005）.

③ 水博．对于美国碳关税的理解不要过于狭隘［EB/OL］．（2009-08-27）［2011-08-01］．http：//hi. baidu. com/zhishisousuozhe/blog/item/f2fb17665313d22dab184c71. html.

（2）对策之二：争取国际话语权

气候变化国际法律秩序正在激烈博弈中，无论结果如何，低碳经济都会成为影响中国和全球未来发展的重大问题。中国在国际气候谈判中应该采取积极主动的战略，在国际气候法律秩序的构建中争取话语权，掌握“游戏规则”的主动权和制定权，成为气候变化法律新秩序的领导者之一。在国际气候变化问题的谈判中，中国应在维护自身长远利益的基础上，既要防止近期社会经济发展受到严格约束和限制，又要确保中长期国家崛起能够得到国际气候法律秩序的支持。同时，借此树立中国负责任的大国形象①。谈判中最重要的一点，就是坚持“共同但有区别的责任”原则，来解决当前国际社会面临的气候变化问题。

在哥本哈根会议 2009 年 6 月的磋商会议中，印度和中国在多个发展中国家的支持下，对草案文本的两个地方提出修改，以阻止碳关税措施的使用。文本内容如下：“发达国家成员不应当基于环境保护和稳定，而采取包括边境反补贴措施在内的任何形式的单边措施以对抗进口发展中国家的货物和服务。这一单边措施违反公约的原则和规则，其中特别是关系到‘共同但有区别的责任’（第三条，第一段）、贸易和气候变化（第三条，第五段）以及发展中国家成员的减排行动和发达国家成员金融资源和技术条款二者的关系（第四条，第三段、第七段）的原则和规则。”

如果这一内容能够在国际法律文件中得到表达，我国在碳关税问题上就取得了合法性，这是最有利也最有力的

① 水博. 对于美国碳关税的理解不要过于狭隘［EB/OL］.（2009－08－27）［2011－08－01］. http：//hi. baidu. com/zhishisousuozhe/blog/item/f2fb17665313d22dab184c71. html.

结果。我国就需要这样据理力争，在国际气候法律秩序构建中争取话语权，维护我国的重大利益和核心价值。

气候变化以及碳关税问题在国际国内都有其复杂性及政治敏锐性。低碳经济的理念在世界上已经被普遍接受，这是一个以低能耗、低污染、低排放为基础的经济模式，生态文明是人类社会继农业文明、工业文明之后的又一次重大转型和进步。能源高效利用、清洁能源开发、追求绿色 GDP、能源技术和减排技术创新、产业结构和制度创新都是低碳经济和生态文明的重要内容。首先，应当承认碳税是施行低碳经济的重要手段，必将在各国越来越多地得到运用；其次，对碳关税有贸易保护主义的一面，应该予以适当的评论甚至抨击。不应当对进口产品征收超出合理减排效果的碳关税。

第四章

所得税优惠与补贴

所得税优惠是国家支持低碳经济发展的重要措施，但是所得税优惠很容易落入 WTO 补贴的范畴，而遭到禁止或受到惩罚（例如，被征反补贴税）。因此，本章有必要首先阐释 WTO 中关于补贴的基本规则，对补贴进行概述。但是，这种概述并非一般性叙述，而是对与所得税优惠构成补贴密切相关的规则进行深层次阐述，从而为下文论述的所得税优惠与补贴这个问题提供理论基础。所得税优惠与补贴是一个较新的问题，在 WTO 中，只是到美国外销公司案，所得税优惠构成补贴才有了定论，至于低碳补贴在 WTO 中能否合法进行还需要深入研究。因此，对补贴本身及其规则还需要深入探讨，特别是需要深入研究反补贴的精髓和实质。

本章接着研究了税收优惠与补贴，低碳补贴能否成行以及 GATT 第 20 条能否扩大适用于 SCM 协定等三个主题。其中，还特别讨论了美国外销公司案和最新发生的中美风电补贴案等三个案例。

第一节

补贴概述

WTO 对补贴的法律规定主要体现在 GATT 第 16 条①，SCM 协定以及《农业协定》中。

根据 SCM 协定的规定，补贴是指一成员方政府或任何公共机构，向特定的企业（一个或一组企业）提供的财政资助以及对价格收入的支持，以直接或间接增加从其领土出口某种产品或减少进口某种产品，或者对其他成员方利益形成损害的政府性措施。简而言之，补贴就是由一国政府或任何公共机构提供，使接受者得益的财政资助②。通过概念分析，可以看出 WTO 中的补贴及反补贴制度的特点。

① 补贴是政府提供的财政资助或价格支持③。

② 补贴是一种政府性措施。

③ 补贴的影响。一是保护本国产业；二是在一定情况下可能损害他国利益；三是扭曲自由贸易，违反公平竞争原则。WTO 的首要目标即维护自由贸易和公平竞争，因此与 WTO 不一致的补贴会遭到纠正、制裁。

SCM 协定将补贴分为禁止性补贴、可诉性补贴、不可

---

① 根据 GATT 第 16 条第 1 款规定的一般补贴，补贴主要是一种收入支持或价格支持。英文原文 "…any contracting party grants or maintains any subsidy, including any form of income or price support, which operates directly or indirectly to increase exports of any product from, or to reduce imports of any product into…"。参见《关税与贸易总协定(GATT1947)》第 16 条第 1 款。

② 李本．补贴与反补贴制度分析［M］．北京：北京大学出版社，2005：26.

③ 王妍．浅谈市场经济条件下的财政补贴［J］．山西财经学院学报，1995(6)：56.

诉补贴。

（1）禁止性补贴

禁止性补贴包括出口补贴（export subsidies）和进口替代补贴（import substitution subsidies）。出口补贴是指法律或事实上视出口实绩为唯一条件或多种其他条件之一而给予的补贴；进口替代补贴是指视使用国产货物而非进口货物的情况为唯一条件或多种其他条件之一而给予的补贴，也称当地成分补贴或当地含量补贴①。这两种补贴之所以被禁止，是因为它们人为地改变了相关产品的竞争力，扭曲了国际贸易②。认定禁止性补贴的要素如下。

①“法律”的认定。“法律”指的是一国的强制性法律规范，而非任意性法律规范。例如，巴西诉加拿大关于影响民用飞机出口的措施案中，巴西认为，加拿大出口发展公司章程中“公司的宗旨是直接或间接支持和发展加拿大出口贸易，支持和发展加拿大贸易能力，并对国际市场计划作出反应”，其中的“支持和发展”等于提供补贴。该观点最终未获支持，首要原因是章程并非强制性规范，章程为股东在公司成立和发展过程中所作约定，为共同意思表示③。又如，韩国影响商用船舶贸易措施案中，韩国的《关于设立韩国进出口银行的法案》（KEXIM）、《韩国进出口银行法令》以及《韩国进出口银行利率指引》在韩国的法律体系中均是强制性规范，专家组支持欧共体的申诉，判定韩国的这些法律提供了禁止性补贴④。

---

①　《补贴与反补贴措施协定（SCM 协定）》第 3 条第 1 款.

②　刘钢 . WTO 禁止性补贴、局限性及实施情况［N］. 国际商报，2001 - 11 - 18（5）.

③　沈亚岚 . WTO 补贴和禁止性补贴定义之法律问题及对策［J］. 山西省政法管理干部学院学报，2005（3）：9.

④　案件编号：WT/DS273.

②“事实”的认定。SCM 协定脚注 4 规定：“如事实证明补贴的给予虽未在法律上视出口实绩而定，而事实上与实际或预期出口或出口收入联系在一起，则符合此标准……”。“事实”应当是与授予补贴或维持补贴有关的一切因素，包括补贴的性质、结构和运行与提供的环境。值得注意的是，如果规范本身是任意性规范，但是其规定的补贴措施在实施过程中是强制性的，那么属于在事实上构成了禁止性补贴。如新近的美国诉中国知名品牌产品出口补贴案①中，涉案的中央政策多是“通知”“指导意见”等任意性规范，但是中央政策在地方执行中却很容易在“事实上”构成禁止性补贴。例如，地方政府响应中央号召，为鼓励企业投保出口信用保险而实施了“保费支持”政策。地方政府对预拨款企业信息审核的关键性步骤是审核企业是否从事中央所鼓励的名牌出口业务②，这显然与出口实绩挂钩。

③ 出口实绩的认定。出口实绩既可以是给予补贴的唯一条件，也可以是众多条件之一。总之，只要是以出口实绩作为给予补贴的条件，则可能构成禁止性补贴。如加拿大汽车案中，专家组和上诉机构一致认为，免税与生产/销售比一起构成了 3.1 条（a）款所指的“法律上”取决于出口实绩的禁止的“补贴”，因为国内生产者得到的免税额直接取决于出口额③。也就是说，加拿大将出口汽车作为获得免税的先决条件。值得注意的是，这里所强调的是出口实绩，而不是出口企业。正如 SCM 协定脚注 4

① 案件编号：WT/DS387/1.

② 龚柏华. WTO 有关禁止性出口补贴规则研究：以中美“知名品牌产品出口补贴”WTO 磋商案为视角［J］. 国际商务研究，2010（2）：48.

③ 世界贸易组织法律事务部. WTO 争端解决案件概要（1995—2007）［M］. 朱榄叶，译. 北京：法律出版社，2009：115.

所规定："……将补贴给予从事出口的企业这一事实本身不得成为被视为属于规定含义范围内的出口补贴的原因。"

（2）可诉性补贴

可诉性补贴，是指成员方根据自己的政治和经济发展需要，在一定范围内对生产者或销售者进行的补贴。顾名思义，可诉性补贴并不被 WTO 禁止，除非该种补贴对其他成员方经济贸易利益造成严重损害，其他成员方可以对其补贴措施在 WTO 争端解决机制下进行申诉以求解决①。SCM 协定规定的可诉性补贴的认定标准主要涉及三方面问题。

① 不利影响。不利影响是指损害另一成员的国内产业，或者使其他成员在 GATT1994 项下直接或间接获得的利益丧失或减损，或严重侵害另一成员的利益②。

第一损害另一成员的国内产业。首先，"损害"是指对一国内产业的实质损害、对一国内产业的实质损害威胁或对此类产业建立的实质阻碍，除非另有规定③。

实质损害的确定应根据肯定性证据，并包括对以下内容的客观审查：补贴进口产品的数量和补贴进口产品对国内市场同类产品价格的影响；这些进口产品随之对此类产品国内生产者产生的影响。关于补贴进口产品的数量，调查主管机关应考虑补贴进口产品的绝对数量或相对于进口成员中生产或消费的数量是否大幅增加。关于补贴进口产品对价格的影响，调查主管机关应考虑与进口成员同类产品的价格相比，补贴进口产品是否大幅削低价格，或此类进口产品的影响是否是大幅压低价格，或是否是在很大程

---

① 李本．补贴与反补贴制度分析［M］．北京：北京大学出版社，2005：44.

② 《补贴与反补贴措施协定（SCM）》第 5 条.

③ 《补贴与反补贴措施协定（SCM）》第 15 条、脚注 45.

度上抑制在其他情况下本应发生的价格增加①。

实质损害威胁是指进口国有关产业尚未达到遭受实质损害的程度，但事实的发展必然会导致实质损害②。实质损害威胁的提出，是一种防患于未然的逻辑，是在实质损害发生之前尽量减少成员方贸易利益损失的做法。但是，由于这种损害毕竟尚未实质发生，所以对实质损害威胁的认定当局要特别慎重，必须特别考虑以下因素：补贴的性质及其可能造成的贸易影响；补贴进口产品在国内市场的增长情况表明进口有实质增加的可能性；出口商有能力使补贴进口产品在国内市场实质增加；进口产品的价格是否抑制或压低国内产品价格，是否增加进口产品的需求；被调查产品的库存情况。调查当局必须对上述因素进行整体考察，并得出结论，即更多的补贴出口产品是迫近的，且除非采取保护性行动，否则实质性损害将会发生。可见，对实质损害的确定应依据事实，而不是仅仅一句指控、推测或极小的可能性。补贴将造成损害发生的情形变化必须是能够明显预见且迫近的③，也就是说，“威胁”的程度要达到最大。

至于补贴实质阻碍了国内产业的建立这种损害，由于国内产业的建立是未来的事情，所以这种损害的认定较为困难，适用的较少。

其次，国内产业的认定。SCM 协定第 16 条规定，国内产业解释为指同类产品的国内生产者全体，或指总产量构成同类产品国内总产量主要部分的国内生产者，但是如生产者与出口商或进口商有关联，或他们本身为自其他国

① 《补贴与反补贴措施协定（SCM）》，第 15 条.

② 李本．补贴与反补贴制度分析［M］．北京：北京大学出版社，2005：44.

③ 《补贴与反补贴措施协定（SCM）》，第 15 条第 7 款.

家进口被指控的补贴产品或同类产品的进口商，则“国内产业”以此可解释为指除他们外的其他生产者。

此处，对“同类产品”的理解是狭义的，即与考虑中的产品在各方面都相同的产品，或至少具有与考虑中的产品极为相似特点的另一种产品①。实践中，WTO争端解决机制在处理补贴案例时，判断同类产品还要根据个案原则，具体问题具体分析，平衡各方面利益及利害关系。

生产者与出口商或进口商有关联，主要是一种直接的或间接的控制与被控制的关系，控制是指在法律上或经营上具有限制或指导的地位，并使有关联的生产者的行为不同于无关联的生产者。控制关系分三种情况：双方具有控制与被控制的关系；双方直接或间接被同一第三者控制；双方直接或间接共同控制同一第三者②。

使其他成员在GATT1994项下直接或间接获得的利益丧失或减损。利益的丧失或减损指的是一成员方认为，由于另一成员方不履行GATT义务或实施任何措施或其他情况，造成其在GATT项下的直接或间接获得的利益丧失或减损，或其GATT任何目标的实现正在受到阻碍，则可就有关事款向相关成员方提出书面交涉或建议，以期得到满意调整。如果未能在合理时间内达成满意调整，则可以将该事款提交全体成员方处理③。要理解GATT1994第23条，可以从澳大利亚汽车皮革补贴案④中获得启示。专家组在该案的裁定中确定了“合理预期标准”以认定“丧失或减损”，如果GATT缔约一方的补贴措施是缔约另一方在关税减让谈判时未曾合理预期到的，那么该种补贴就

---

① 《补贴与反补贴措施协定（SCM）》注释46.

② 《补贴与反补贴措施协定（SCM）》注释48.

③ 《补贴与反补贴措施协定（SCM）》注释12；GATT1994第23条.

④ 案件编号：WT/DS126/R.

可以被认为是造成了缔约一方在GATT的利益丧失或减损①。

严重侵害另一成员的利益。实践中判断严重侵害不容易，SCM协定对严重侵害存在与否作出具体规定。如果存在以下情况，可以直接认定存在严重侵害。

（a）对一产品从价补贴的总额超过5%；

（b）用以弥补一产业承受的经营亏损的补贴；

（c）用以弥补某一企业承受的经营亏损的补贴，但仅为制定长期解决办法提供时间和避免严重社会问题而给予该企业的非经常性的和不能对该企业重复的一次性措施除外；

（d）直接债务免除，即免除政府持有的债务，及用以偿债的赠款②。

如果提供补贴的成员国可以证明所涉补贴不存在以下情形，则可认定不存在严重侵害。

（a）取代或阻碍另一成员同类产品进入提供补贴成员的市场；

（b）在第三国市场中取代或阻碍另一成员同类产品的出口；

（c）与统一市场中另一成员同类产品的价格相比，补贴产品大幅价格削低、大幅价格抑制、价格压价或销售损失；

（d）提供补贴成员的某一特定初级产品或商品的世界市场份额在补贴给予期间一贯增长，超出前3年的平均市场份额③。

---

① 王懿．WTO框架下中国可诉性补贴法律问题研究［D］．上海：上海交通大学，2008：8.

② 《补贴与反补贴措施协定（SCM）》第6条第1款.

③ 《补贴与反补贴措施协定（SCM）》第6条第1款、第6条第2款.

② 累计计算。累计计算是指，如果来自一个以上国家的同一产品的进口同时接受反补贴调查，则调查主管机关累计评估此类产品的影响。但是，累计评估的前提条件有两个：对来自每一国家进口产品确定的补贴金额大于SCM 协定第 11 条第 9 款定义的微量水平，且自每一国家的进口量并非可忽略不计；根据进口产品间的竞争条件和进口产品与国内同类产品之间的竞争条件，对进口产品的影响所作的累积评估是恰当的①。

累计计算针对多个国家，这些国家的出口量不等，其中，对于虽然给予补贴但是只有少量该出口产品的国家来说似乎有失公平②。

③ 因果关系。因果关系是指补贴进口产品与被指控损害之间的因果关系③。证明因果关系的证据：被指控的补贴进口产品数量变化的信息，这些进口产品对国内市场同类产品价格的影响，以及由影响国内产业状况的有关因素和指标所证明的这些产品对国内产业所造成的影响④。有关因素和指标如下：产量、销售情况、市场份额、利润、生产力、投资收益、设备利用率的实际和潜在的下降；影响国内价格的因素；对现金流动、库存、就业、工资增长、筹措资金或投资能力的实际和潜在的消极影响等⑤。

（3）不可诉补贴

SCM 协定规定的不可诉补贴主要包括不具专款性的国

---

① 《补贴与反补贴措施协定（SCM）》第 15 条第 3 款.

② 曹建明，陈治东．国际经济法专论：第 3 卷［M］．北京：法律出版社，2000：473.

③ 《补贴与反补贴措施协定（SCM）》第 11 条第 2 款.

④ 《补贴与反补贴措施协定（SCM）》第 11 条第 2 款第 4 项.

⑤ 《补贴与反补贴措施协定（SCM）》第 15 条第 4 款.

内补贴、研发补贴、落后地区发展补贴和环保补贴[①]。SCM 协定第 31 条有关临时适用的规定如下："……第 8 条和第 9 条的规定应自《WTO 协定》生效之日起适用 5 年。委员会将在不迟于该期限结束前 180 天审议这些规定的运用情况，以期确定是否延长其适用，或是按目前起草的形式延长或是按修改后的形式延长。"如今，《WTO 协定》生效已经超过 5 年，因此，对于不可诉补贴条款的效力问题存在争议。国内有学者认为，不可诉补贴已经名存实亡[②]。更有学者认为，自 1999 年 12 月 20 日召开补贴与反补贴措施委员会特别会议，到 2000 年 5 月 9—10 日召开特别会议，再到 2001 年 11 月多哈回合，均未能就是否延长 SCM 协议第 8 条和第 9 条达成共识。并且，2004 年 7 月成员国达成多哈回合框架协议后，再没有关于重启第 8 条不可诉补贴规定的讨论。因此，SCM 协定不可诉补贴条款于 2000 年 1 月 1 日失效[③]。但是，也有学者认为，委员会并没有按照 SCM 协定第 31 条的规定审议这些规定的运用情况，是否延长悬而未决（pending），因此不能认定不可诉补贴条款绝对的名存实亡[④]。

尽管学界对不可诉补贴的效力问题争论不下，但是实践中各国环保节能补贴大幅增长，这是补贴发展的趋势之一[⑤]。因此，笔者认为，由于不可诉补贴的效力有失效之虞，因此，我国在气候变化及低碳经济的时代背景下实施

---

① 《补贴与反补贴措施协定（SCM）》第 8 条.

② 宋和平．反倾销法律制度概论［M］．北京：中国检察出版社，2003：30.

③ 朱庆华．SCM 协议不可诉补贴条款简析［J］．世界贸易组织动态与研究，2007（2）：33－36.

④ 李本．补贴与反补贴制度分析［M］．北京：北京大学出版社，2005：50.

⑤ 布瑞恩·麦克唐纳．世界贸易体制：从乌拉圭回合谈起［M］．叶兴国，等译．上海：上海人民出版社，2002：109.

环保型补贴要转换思路，不要只着眼于不可诉补贴，以免遭到其他国家的质疑与诉讼，而是要着眼于如何使之避免落入 WTO 禁止性补贴和可诉性补贴的范围，从而避免遭到 WTO 禁止或者陷入补贴之诉。

第二节

税收优惠与补贴

一、税收优惠补贴是一种间接补贴

国内一些学者将 SCM 协定之下的补贴分为直接补贴和间接补贴。例如，经济学领域学者李本，将补贴分为直接补贴和间接补贴。直接补贴包括价格补贴和收入补贴；间接补贴主要是通过银行系统、外汇鼓励措施、免费的信息提供或组织博览会等途径，间接降低出口企业成本的补贴①。国际经济法学界的学者陈立虎，将出口补贴分为直接补贴和间接补贴。其内涵与李本的分类相似②。行政法学者杨解君，从补贴提供主体角度将补贴分为直接补贴和间接补贴。直接补贴是指政府或公共机构直接给予的补贴；间接补贴是指政府或公共机构委托或指示私法组织间接给予的补贴③。

笔者结合 SCM 协定附件 1 出口补贴示例清单，将直接补贴和间接补贴的形式总结如下（见表 4.1）。

SCM 协定附件 1 出口补贴示例清单：

---

① 李本．补贴与反补贴制度分析［M］．北京：北京大学出版社，2005：6－7.

② 陈立虎．当代国际贸易法［M］．北京：法律出版社，2007：381.

③ 杨解君．WTO 下的中国行政法制变革［M］．北京：北京大学出版社，2005：211－212.

（a）政府视出口实绩对公司或产业提供的直接补贴。

（b）涉及出口奖励的货币保留方案或任何类似做法。

（c）政府提供或授权的对出口装运货物征收的内部运输和货运费用，条件优于给予国内装运货物的条件。

（d）由政府或其代理机构直接或间接通过政府授权的方案提供在生产出口货物中使用的进口或国产品或服务，条款或条件优于给予为生产供国内消费货物所提供的同类或直接竞争产品或服务的条款或条件，如（就产品而言）此类条款或条件优于其出口商在世界市场中商业上可获得的（脚注 57）条款或条件。

（e）全部或部分免除、减免或递延工业或商业企业已付或应付的、专门与出口产品有关的直接税（脚注 58）或社会福利费用（脚注 59）。

（f）在计算直接税的征税基础时，与出口产品或出口实绩直接相关的特殊扣除备抵超过给予供国内消费的生产的特殊扣除备抵。

（g）对于出口产品的生产和分销，间接税的免除或减免超过对于销售供国内消费的同类产品的生产和分销所征收的间接税。

（h）对用于生产出口产品的货物或服务所征收的前阶段累积间接税的免除、减免或递延超过对用于生产国内消费的同类产品的货物或服务所征收的前阶段累积间接税的免除、减免或递延；但是如前阶段累积间接税是对生产出口产品过程中消耗的投入物所征收的（扣除正常损耗），则即使当同类产品销售供国内消费时前阶段累积间接税不予免除、减免或递延，对出口产品征收的前阶段累积间接税也可予免除、减免或递延。（脚注 6 0）本款应依照附件 2 中的关于生产过程中投入物消耗的准则予以解释。

（i）对进口费用的减免或退还（脚注 58）超过对生

产出口产品过程中消耗的进口投入物所收取的进口费用（扣除正常损耗）；但是，在特殊情况下，如进口和相应的出口营业发生在不超过2年的合理期限内，则一公司为从本规定中获益，可使用与进口投入物的数量、质量和特点均相同的国内市场投入物作为替代。此点应依照附件2中的关于生产过程中投入物消耗的准则和附件3中的关于确定替代退税制度为出口补贴的准则予以解释。

(j) 政府（或政府控制的特殊机构）提供的出口信贷担保或保险计划、针对出口产品成本增加或外汇风险计划的保险或担保计划，保险费率不足以弥补长期营业成本和计划的亏损。

(k) 政府（或政府控制的和/或根据政府授权活动的特殊机构）给予的出口信贷，利率低于它们使用该款资金所实际应付的利率（或如果它们为获得相同偿还期和其他信贷条件且与出口信贷货币相同的资金而从国际资本市场借入时所应付的利率），或它们支付的出口商或其他金融机构为获得信贷所产生的全部或部分费用，只要这些费用保证在出口信贷方面能获得实质性的优势。但是，如一成员属一官方出口信贷的国际承诺的参加方，且截至1979年1月1日至少有12个本协定创始成员属该国际承诺的参加方（或创始成员所通过的后续承诺），或如果一成员实施相关承诺的利率条款，则符合这些条款的出口信贷做法不得视为本协定所禁止的出口补贴。

(l) 对构成 GATT1994 第16条意义上的出口补贴的官方账户收取的任何其他费用。

表 4.1　　　　直接补贴与间接补贴

直　接	间　接	
① 直接资助；② 收入支持；③ 价格支持	非政府（变换提供者）	① 向出资机构提供资助 ② 委托或指令给私人机构提供资助
	政府（变换手段）	① 提供一般设施以外的货物或服务 ② 政府免除或未征收本应征收的财政收入

可见，间接补贴通常包括两种方式：① 变换补贴主体：政府——非政府（出资机构、私人机构）。此时，非政府机构只是在代替政府行使补贴的职能，与政府亲自实施财政补贴没有实质的差别。② 变换补贴形式：直接的财政资助——其他（如税收减免）。此时，补贴使得政府本应增加的财政收入未增加，因此可以看作政府财政的相对减少。税收优惠是典型的间接补贴。正如陈立虎所言，间接出口补贴指在财政上、运输上对出口商品给予各种优待，其表现为对出口商品的国内运费予以减收，对国内课税（如消费税、所得税）予以减免①。例如，美国规定，出口成套设备所应付的税款的50%可以延期交付，而且对延期交纳的时间无具体要求，实际上就是减征税款的50%②。

由此可见，税收优惠是一种间接补贴，既包括直接税补贴也包括间接税补贴。实践中，税收优惠的形式多种多样，既包括税额上的优惠，如税收减免或退税等，又包括纳税时间上的优惠，如延迟纳税等。

① 陈立虎．当代国际贸易法［M］．北京：法律出版社，2007：381.

② 汪尧田．国际贸易［M］．上海：上海社会科学院出版社，1993：273.

二、税收优惠补贴的合法与非法之界限：以美国、墨西哥诉中国税收优惠补贴案为例

一国在一定时期为保持国民经济平衡发展，采取财税政策专向地对某地区、某产业发展加以扶持的做法已成为当今各国的通例，但这些专向性政策很可能使获得补贴的企业、产业在同国外商品竞争中拥有不公正的优势，从而影响国际贸易①。因此，虽然税收优惠的政治、经济效益不言而喻，但是这种政策措施却常常在 WTO 涉诉。如，2004 年加拿大对我国烧烤架反补贴的申诉虽以终止调查而结案，但调查机关还是认定我国经济特区的某些企业所得税减免政策构成了可申诉补贴②。下面，结合“美国、墨西哥诉中国税收优惠补贴”一案，分析税收优惠补贴在 WTO 下是否具有合法性。

2007 年 2 月 2 日，美国提出与中国就税收优惠问题进行磋商，2007 年 2 月 26 日，墨西哥提出与中国就税收优惠问题进行磋商。由于磋商未能达成一致意见，美国、墨西哥两国于 2007 年 7 月 12 日申请 WTO 争端解决机构成立专家组。2008 年 1 月 1 日，中国新企业所得税法生效。美国、墨西哥认为，中国的新企业所得税法及相关规章中的税收优惠构成 SCM 禁止性补贴，并诉诸 WTO。中国承诺在 2008 年 1 月 1 日前尽力取消美国所指控的禁止性补贴③。

美国、墨西哥两国的申诉涉及中国的法律文件及其税

---

① 曹建明，贺小勇．世界贸易组织［M］．北京：法律出版社，1999：206－207.

② 商务部．国别贸易投资环境报告［R/OL］．［2010—05—11］．http：//www. fjietc. gov. cn/gbtzhjbg. doc.

③ WT/ DS358/ 13 ；WT/ DS359/ 13 ；WT/ DS359/ 14.

收优惠争议如下。

所得税优惠措施及其法律文件主要有：2008年发布的《企业所得税法》第57条；2000年财政部发布的《关于外商投资企业和外国企业购买国产设备投资抵免企业所得税有关问题的通知》以及税务总局发布的《外商投资企业和外国企业购买国产设备投资抵免企业所得税管理办法》有关吸引外资的所得税优惠规定；1999年财政部和税务总局联合发布的《技术改造国产设备投资抵免企业所得税暂行办法》有关技术改造所得税优惠的规定；1986年国务院发布的《关于鼓励外商投资的规定》第9条；1991年《中华人民共和国外商投资企业和外国企业所得税法》第6条；1991年国务院发布的《外商投资企业和外国企业所得税法实施细则》第75.1条（8）款。

增值税优惠措施及其法律文件主要有：1997年国务院发布的《关于调整进口设备税收政策的通知》；1999年税务总局发布的《外商投资企业采购国产设备退税管理试行办法》第1条；2006年税务总局发布的《外商投资项目采购国产设备退税管理试行办法》第1条。

从禁止性补贴的角度来看，本案中比较突出的法律问题包括以下五点。

①《中华人民共和国外商投资企业和外国企业所得税法》第6条，《中华人民共和国外商投资企业和外国企业所得税法实施细则》第75.1条（7）款，《关于鼓励外商投资的规定》第8条有关新建出口企业的所得税优惠的规定，其中明确提到，外商投资举办的产品出口企业满足一定出口实绩，方可享受优惠税率，这明显属于禁止性补贴。首先，上述法律文件在中国属于强制性规范；其次，新建出口企业享受所得税优惠的前提条件明显是出口实绩，因此构成“法律上取决于出口”的禁止性补贴。

②《中华人民共和国外商投资企业和外国企业所得税法》第10条、《中华人民共和国外商投资企业和外国企业所得税法实施细则》第81条，《关于鼓励外商投资的规定》第3条中有关新建出口企业的所得税优惠的规定并没有明确提到将出口实绩作为获得税收优惠的前提条件，因此不属于法律上取决于出口的补贴。

③《关于调整进口设备税收政策的通知》中规定的增值税优惠，虽然条文没有明确提到以出口实绩为条件，但是结合2004年《外商投资产业指导目录》中鼓励类第13款的规定[①]，这些增值税优惠仍然构成法律上的出口补贴。

④ 美国、墨西哥两国所控诉的税收优惠措施中，例如使用先进技术的税收优惠，即使不能构成明示的或可推知的法律上以出口实绩为条件，但是也可能构成事实上以出口实绩为条件，但是这需要申诉方举证。

⑤ 本案中，中国的有关法律法规所规定的税收优惠间接补贴比较明显，大大减轻了美国、墨西哥的举证难度。试想，如果中国的法律法规设定的税收优惠间接补贴与出口实绩的联系较为模糊，而实际执行环节补贴的实质要件多隐藏在行政命令或复杂的地方法规甚至规章中，这样就大大增加了申诉方举证的困难。因为，美国和墨西哥至少要先熟悉中国的中央和地方的法律体系及其效力层级。国际上以往的案例中，间接补贴多隐藏在一国复杂的行政法规之中，这些行政法规的透明度很差。例如，欧盟的空中客车公司自成立以来，从未对外公开过财务报告，只能从有关的资料报道推测参与国政府间接支持的程度[②]。

---

① 彭岳. 中、美、墨三国税收补贴争端的法律分析［J］. 法商研究，2008（2）：12.

② 王淼. 美国外销公司税案对我国税收优惠、补贴的启示［J］. 求索，2011（2）：160.

又如，法国和德国政府保证分别对法国航宇公司和 MBB 公司在 A300/310/320 项目上给予支持，在各型号达到盈亏平衡点之前，其研制费用的 90 % 将得到政府各种形式的贷款。西班牙政府对 CASA 公司在空中客车项目上的亏损也予以补贴。再如，为发展 A330/340 客机，有关各国政府将贷款 25 亿美元贷给本国公司。在 1980 年到 1989 年间，空中客车公司在大型客机销售上所得到的间接补贴远大于美国的制造商①。

三、所得税优惠与补贴：以美国外销公司税收待遇案为例②

WTO 的贸易管理手段的税收主要由关税和国内税组成。关税规定在 GATT 第一部分的第 1 条和第 2 条，国内税则规定在 GATT 的第 3 条“国民待遇”中。在国内税问题上，由于 GATT 规定的是货物贸易问题，对货物流转直接收的税主要是商品税或流转税，因此，对 GATT/WTO 国内税问题的适用与讨论大都集中在商品税问题上。但是，对于第 3 条中的国内税是否也包括所得税，无论是在 GATT/WTO 的准司法实践中，还是在学术讨论中，都一直鲜有涉及。直到美国外销公司案，才把所得税问题由幕后提到前台。在这个案件中，美国因对美国公司在外国的外销公司的所得税给予优惠待遇而被告上 WTO 的争端解决机构。这是 GATT/WTO 中涉及所得税的重要第一案，也是所得税作为 WTO 问题的背景和由来。

所得税优惠作为促进低碳经济的重要手段，与当前的

---

① 马修·林恩. 空中对决：波音与空客市场大战 [M]. 北京：华夏出版社，2001：136.

② 那力，王森. 低碳经济背景下 WTO 体系所得税优惠问题探析 [J]. 社会科学辑刊，2011 (1)：91 -94.

国际形势有关。气候变化、低碳经济已经成为世界话题进入了各国政治、经济、外交、贸易、安全政策等领域。低碳经济是一种经济发展模式，是对传统经济发展模式的质疑和扬弃。它要求在可持续发展理念指导下，通过技术创新、产业转型、新能源开发、制度创新等手段，尽可能地减少煤炭、石油等高碳能源消耗，减少温室气体排放，达到经济社会发展与生态环境保护双赢。

从各国的国内政策来看，特别是从我国的国内发展战略与政策来看，所得税优惠对推动低碳经济、促进社会可持续发展有重要意义。税收政策在我国今后加强对能源资源节约和生态环境保护方面将扮演十分重要的角色。我国已出台4大类30余项税收优惠政策与措施鼓励低碳经济的发展。国家发改委发布的《可再生能源中长期发展规划》把“加大财政投入，实施税收优惠政策”作为鼓励可再生能源开发利用的一项原则确定下来。但是，在现行的国际经济贸易体制下，在GATT/WTO中，直接税、所得税优惠可能构成补贴，特别是可能构成出口补贴与进口替代补贴。而这可能为WTO所禁止、所不容。因此，要深入研究GATT与所得税的关系，研究在WTO框架下所得税优惠与补贴的关系，以应对非常可能出现的补贴争端问题。

1. WTO对税收问题的一般规定

1995年WTO诞生之前的GATT时代，国际贸易规则与税收之间的紧张关系集中在税收造成的货物贸易障碍、税收造成的贸易扭曲型补贴等问题上。随着服务贸易领域规则的诞生，如今WTO法中有三组条款与税收有关。

首先，GATT第1条最惠国待遇原则和第3条国民待遇原则，二者可以总称为非歧视原则。从与税收的关系看，GATT第1条和第3条主要与商品税（间接税）有关，也涉及所得税（直接税）措施，但是这一点是从美国外销公司案才明确起来的。

其次，GATT 第 16 条以及关于补贴问题的协定（SCM）。补贴涵盖了政府提供的任何形式的利益和给予的财政资助，即任何形式的收入支持、价格支持都是补贴，税收优惠当然包括在其中。所谓税收优惠，即指政府减免本应征收的税款。因此，SCM 协定中禁止出口补贴的清单明确指向直接的税收激励措施和间接的税收激励措施。

再次，GATS（服务贸易总协定）适用于所有的对服务或服务提供者可能产生影响的措施，因此，GATS 也有可能适用于所得税。

除了上述三组规定，WTO 其他一些条款和规定对税收也可能产生影响，包括以下几点。

• GATT 第 3 条和第 16 条的注释，阐释了边境调节税问题；

•《农业协定》项下减少国内支持的承诺包括货币向受益者转移，也包括成员方先前预征的税；

• TRIPS 协议的条款也可以解释为禁止对知识产权进行歧视性征税；

• WTO 协定中有很多关于透明度的规定，其中规定 WTO 成员方负有向 WTO 通知所得税立法的义务。

2. 货物贸易中（GATT 中）的税收优惠与补贴问题

GATT/WTO 中关于税的规定，主要在 GATT 第 3 条“国民待遇”，特别是在第 3 条第 2 款“国内税”（以下简称 3.2）中。GATT 第 3 条本身并没有提及“国内税”指直接税还是间接税。但是，这里的“国内税”主要指商品税等间接税，无论在理论上还是在实践中，这都是没有问题的。因为 GATT 的适用客体、对象只有一个，那就是产品（product），更确切地说是进出口产品。而对进口产品所征收的国内税，当然主要是属于间接税的商品税。在我国，这种间接税主要是增值税（VAT）。

问题是 GATT 第 3 条是否适用于属于直接税的所得税？也就是说，对进出口产品（而不是服务贸易的进出口）征国内税，是否会涉及所得税问题。或者说，进出口产品是否会因为所得税而引起违反 GATT 问题。

对于这个问题的回答不能简单化。而且，这个问题由于两方面的原因而变得越来越重要，越来越现实。首先，由于发生了美国的外国销售公司案，所得税问题凸显出来，也使所得税问题是否受 GATT 第 3 条管辖得到了回答。其次，所得税的税收优惠（包括低税率、减免税、加大税前扣除、加速折旧等）是许多国家促进、鼓励低碳经济发展的重大政策和重要激励措施，但是，这类税收优惠易于落入 GATT 所定义的补贴，从而可能遭到禁止，或者受到限制。

首先要厘清直接税、所得税的概念与特点。直接税与间接税之间的区别在于，间接税是对货物征税（例如增值税、销售税、消费税），直接税是对所得与资本的征税（例如个人所得税、企业所得税、资本利得税、财产税）①。因此，间接税导致的是产品、商品价格的上涨，间接税由商品的最终消费者来承担，间接税的纳税人（主要是商品流通中的各级商人）最终会把税收负担转移到商品价格中去，转嫁给消费者，这就是“间接”的意思。而直接税由纳税人（通常是生产者、经销者）在扣除各项成本费用后直接缴纳，不能转嫁给消费者，因此被认为不影

① 《补贴与反补贴措施协定（SCM）》脚注 58 中定义如下：直接税是指对工资、利润、利益、租金、专利等所有形式的所得以及对不动产所有权的征税。间接税是指对销售、消费、营业、增值、特权、印花、转让、存货、设备所征的税，边境税，以及除直接税和进口费之外的所有其他种类的税。

响商品价格，从而不影响产品的市场竞争力①。

再看 GATT 中哪些规定影响到所得税以及所得税优惠引起的补贴问题。GATT 中有两个条款与税收直接相关。

GATT 第 3 条。GATT 是围绕着产品展开的，征税是对产品征税，因此该条通常被认为仅仅适用于间接税。

GATT 第 16 条。其中规定了禁止性出口补贴。由 GATT 第 16 条衍生出来的 SCM 扩大了 GATT 第 16 条中补贴的范围。

另外，利用避税港也会构成 GATT 项下的禁止性出口补贴。这主要来源于避税港促进出口的机制。

以下分别分析、研究各问题。

（1）所得税优惠构成补贴问题

SCM 协定的附件清单中明确规定禁止性补贴可能包括的税收激励措施：间接税的减免（优惠税率、应纳税额减少、特殊抵免）；享受免税待遇的所得税的减免；包含加速折旧的税收扣除；降低税率；税收抵免。

SCM 协定附件 1 中详尽列举了出口补贴的清单，包含非税收补贴（（a）款～（d）款；（i）款～（k）款），税收补贴（（e）款～（h）款），而且存在一个兜底条款“对构成 GATT1994 第 16 条意义上的出口补贴的官方账户收取的任何其他费用”。

协定规定了禁止性出口替代补贴问题，一项税收措施除了构成禁止性出口补贴外，还有可能构成禁止性出口替代补贴。这种补贴是“视使用国产货物而非进口货物的情况为唯一条件或多种其他条件之一而给予的补贴”，即以使用国内产品而非进口产品为条件的税收鼓励措施有可能构成禁止性出口替代补贴。FSC 美国外国销售公司案中涉

---

① 这一观点近年来遭到质疑和批评。

及这个问题，但是专家组没有对这个问题作出裁决。《协定》没有对进口替代补贴进行列举，因此进口替代补贴没有清单。

清单中的列举也表明：如果为了避免国际双重征税，对本国企业在外国已经缴纳了税款的那部分外国来源所得实行免税或抵免并不构成（出口）补贴。

黄灯补贴指既不以出口为条件，也不以国内产品替代进口产品为条件的所有补贴。但是，如果黄灯补贴损害了其他成员方的利益，则变为可诉性补贴。例如，它们损害了另一成员方的国内产业，损毁或减损了另一成员方本应增加的利益，或者对另一成员方的利益造成严重损害。

当 WTO 成员方有理由认为另一成员方给予了禁止性补贴，便可以启动 WTO 的快速（fast track）争端解决程序。争议措施一旦被认定为禁止性补贴，专家组/诉机构会建议“毫不迟疑”地撤销该措施，并限定措施撤销的期间。

一旦一成员方认为另一成员方给予了对本国利益造成不利影响的可诉性补贴，便可启动 WTO 程序，来纠正这种不利影响或撤销该补贴。可诉性补贴的争端解决程序比禁止性补贴的争端解决程序时限长，申诉方必须提供受到不利影响的证据，例如该可诉性补贴造成的损害。此外，受到补贴侵害的成员方还可以启动国内程序，征收反补贴税，在一定程度上消除补贴对国内产业造成的不利影响，直到争议的补贴措施被撤销为止。

SCM 协定第 27 条允许一些低收入的发展中国家实施禁止性出口补贴，尽管对其他发展中国家规定了过渡期，很多发展中国家已经利用这种特殊和差别待遇庇护了大量的出口补贴鼓励措施，包括出口环节的税收优惠。第 27 条在举证责任问题上采取了举证责任倒置（de minimus exception），因此加大了对来自发展中国家的给予了补贴的进口产品采取反补贴措施的难度。

（2）生产型避税港与补贴

国际上存在三类避税港：①生产型避税港，该避税港通过设计免税机制或其他税收优惠机制吸引投资者将其生产设备基地设在此避税港。②传统型避税港，例如，通过不征所得税或征很少的所得税，并承诺银行保密义务，吸引投资者及金融服务提供者在该地投资的避税港。③总部型避税港，例如，通过对跨国公司承诺对其国外分支机构来源于国外所得不征税，而吸引其将总部设在该地的避税港。

GATT 规则（第 3 条、第 16 条及 SCM 协定）主要适用于生产型避税港。生产型避税港都有精心设计的促进出口机制，并且形成了固定的模式。这种促进出口的机制毫无疑问地构成 GATT 项下的禁止性出口补贴。促进出口机制包括把政府的财政收入给予特定的纳税人，即“补贴”定义中的专向供给；并且，这种供给事实上取决于该企业/纳税人的出口实绩，因为得到这种税收优惠供给的产品如果不出口，而在国内市场上销售，则得不到这种供给。

传统型避税港与总部型避税港则没有违反 GATT 规则，因为它们通常对服务给予补贴，而不是对货物进行补贴。

3. 美国外国销售公司税收待遇争端案分析

美国外国销售公司税收待遇争端案（FSC）① 对研究 GATT 第 3 条是否适用于所得税问题、对于研究直接税与补贴问题具有重要意义与价值。该案涉及的是《美国国内收入法》第 921 节～第 927 节对外国销售公司的税收待遇

① 此案英文简称为 FSC，案件编号：WT/DS108.

问题。根据该法的规定，成立并驻扎于符合条件的外国或美国关税领土之外的领地，符合该法第 921 节～第 927 节具体规定的外国销售公司，可以就其外国交易毛收入享受免税待遇。欧共体认为美国的这一措施违反了《补贴与反补贴措施协定》（简称《SCM 协定》）第 3.1（a）（b）条，《农业协定》第 10.3 条、第 3.3 条和第 8 条。

（1）案情简介

1997 年欧共体要求就“《美国国内收入法》第 921 节～第 927 节和为‘外国销售公司’提供特殊税收待遇的有关措施”与美国进行磋商。1998 年 3 月，欧共体要求将磋商的范围“延伸至《农业协定》第 19 条”。

双方进行了磋商，但未能达成双方满意的解决方法。1998 年 7 月 1 日，欧共体根据 DSU 第 4 条、《SCM 协定》第 4 条、《农业协定》第 19 条和 GATT 1994 第 23 条要求成立专家组，争端解决机构决定成立专家组处理此争端。加拿大和日本保留第三方权利。

专家组认定：①美国提供并维持了《SCM 协定》第 3.1（a）条禁止的出口补贴，违反了该条款；②美国向超过其减让数量承诺水平的小麦提供了《农业协定》第 9.1（d）条所指的出口补贴，向未列入减让表的农产品提供补贴，违反了《农业协定》第 3.3 条，因此也违反了该协定第 8 条。专家组还根据 DSU 第 3.8 条确认美国损害或剥夺了欧共体根据这些协定可以享受的利益。专家组建议 DSB 要求美国撤销不符合《SCM 协定》的外国销售公司税收待遇补贴，修改其对农产品的补贴，使其符合《农业协定》的规定，根据《SCM 协定》第 4.7 条，专家组建议美国“毫不迟延地”，即在 2001 财政年度开始之日（2001 年 10 月 1 日）前撤销补贴措施。

美国上诉。2000 年 3 月，DSB 通过上诉机构报告和经上诉机构报告修改的专家组报告，要求美国使外国销售公司措施与其在有关协议项下所承担的义务相符，确定撤销构成《SCM 协定》含义范围内的禁止性出口补贴的外国销售公司补贴的最后期限，根据美国的请求，延长至2004年11月1日。

2000年11月15日，美国总统签署美国国会法案，废除了美国税法有关外国销售公司的规定，以一些过渡条款取代。美国认为，通过颁布这一立法，美国已经履行 DSB 的建议和裁决。

欧共体对美国的这一执行行为不满，要求成立 DSU 第21.5条专家组，确认美国到2000年11月1日为止尚未执行 DSB 的建议和裁决。美国对第21.5条专家组报告不满，提出上诉。上诉机构作出报告，维持专家组的结论。

上诉机构的认定和结论的要点归纳为如下。

美国的域外收入排除措施如下。

(a) 涉及在其他情况下应征收的税收，因此构成"财政援助"；

(b) 构成"视出口实绩给予的"补贴；

(c) 不属于避免对国外来源收入双重征税的措施；

(d) 与美国在《农业协定》第3.3条、第8条和第10.1条下承担的义务不符；

(e) 与原产于美国的同类产品相比，域外收入排除措施给予进口产品较低的优惠待遇，与美国在《农业协定》第3条第4项下承担的义务不符；

(f) 美国没有完全撤销在最初程序中被认定属于禁止性出口补贴的外国销售公司措施，因此美国没有完全履行 DSB 根据《SCM 协定》第4.7条作出的建议和裁决；

(g) 在所有书面陈述材料都必须提供给第三方问题上，错误地解释 DSU 第10.3条。

（2）案例讨论

可以看到，这七点建议和意见，特别是前六点，主要集中在两个问题上。一是美国的所得税措施是否违反GATT/WTO，构成补贴，二是美国执行DSB裁决的措施是否适当。从上诉机构的认定和结论看，对这两个问题的回答是清楚的。一，美国的所得税措施违反了GATT有关规定，构成了补贴。违反点包括：应征而未征的税收，出口实绩补贴，非避免双重征税的税收抵免，与美国的义务及承诺不符。二，履行DSB的裁决也会产生问题，甚至是相当严重的问题。就履行DSB的裁决也可以在DSB提起申诉，欧盟在此案中的做法就是一个例子，而美国的做法也使人们开了眼界。在执行DSB裁决上做手脚，打折扣，这样的国家大有“国”在。在以后的争端处理中要借鉴这个案子的经验，充分注意裁决履行问题。下面具体分析本案中的所得税优惠构成禁止性补贴的原因①。

欧共体诉美国外国销售公司税收待遇争端中，美国主张其给予外国销售公司的税收待遇具有合法性，不构成禁止性补贴。其理由是：基于反补贴协定第59条注释②，美国可以基于避免国际双重征税的税收目的对外国销售公司的国外来源所得给予部分免税的待遇；并且，1981年GATT理事会关于欧共体与美国、美国与法国、美国与比

---

① 王森．美国外销公司税案对我国税收优惠、补贴的启示［J］．求索，2011（2）：160.

② 这一注释规定：“（e）段无意限制一成员方采取措施以避免其企业或其他成员方的企业从国外来源的收益被双重征税。”

利时、美国与荷兰之间的四个税法案的决议①，可以用来解释反补贴协定第 59 条注释。因此，外国销售公司措施并不违反 WTO 义务，也不会构成反补贴协定第 3 条规定的禁止性补贴。

这里存在两个问题：第一，1981 年 GATT 理事会针对四个税法案的决议能否作为解释反补贴协定第 59 条注释的法律依据？第二，美国基于避免国际双重征税的目的实施外国销售公司措施，是否构成禁止性补贴？

WTO 争端解决机制反复适用的是“有效解释”原则②。有效解释原则，不仅包括条约中的每一个术语都具有意义，更为重要的是解释条约的依据要于法有据。根据国际法的基本规则，解释条约的依据必须是具有普遍约束力的法律文件。专家组和上诉机构的报告只对个案具有约束力，对以后的案件则没有法律约束力。早在日本酒税案中，上诉机构对 GATT 专家组报告的性质已经作了明确的结论：“专家组报告除了对具体案件之外没有约束力”，“GATT 缔约方并不想让通过专家组报告的决议成为对 GATT 规定的明确解释”③。虽然 1981 年 GATT 理事会针对

---

① 20 世纪 70 年代初，欧共体与美国、美国与法国、美国与比利时、美国与荷兰之间发生过四个税法案纠纷，经过 GATT 专家组的争端解决机制，直到 1981 年经过多方努力，GATT 理事会才通过了关于这四个税法案的专家组报告。美国外国销售公司措施案与这四个税法案的案情有类似之处。四个税法案中均涉及美国、法国、比利时与荷兰这四个国家对外国公司的免税待遇与出口补贴的关系。专家组根据 1979 年《补贴与反补贴守则》中关于出口补贴解释清单脚注 2 的规定，认定基于避免国际双重征税的目的，各国可以对外国公司给予免税待遇，这种免税待遇不属于出口补贴。脚注 2 解决了四个税法案的主要问题。参见：朱榄叶．关税与贸易总协定国际贸易纠纷案例汇编［M］．北京：法律出版社，1995：184－190.

② 朱榄叶．世界贸易组织国际贸易纠纷案件评析［M］．北京：法律出版社，2003：3.

③ 案件编号：WT/DS8/AB/R，WT/DS10/AB/R，WT/DS11/AB/R.

四个税法案的决议中肯定《补贴与反补贴守则》中关于出口补贴解释清单脚注2的规定，认定基于避免国际双重征税的目的，各国可以对外国公司给予免税待遇，这种免税待遇不属于出口补贴，但是GATT理事会的决议不具有先例效力，如果以其作为解释反补贴协定第59条注释的法律依据，则违反了条约解释的有效性原则。由此可以得出结论，在没有其他证据的情况下，美国对外国销售公司的税收待遇不能归属于第59条注释规定的“补贴”的例外情况。

美国在上诉中声称，外国销售公司措施具有避免国际双重征税的功能，那么，该措施是否违反WTO义务，是否违反SCM协定的规定？

SCM协议对国内经济立法当然会有影响。作为WTO成员方的美国，实施外销公司政策措施，即使基于消除国际双重征税的目的，也不能无视SCM协议的规定，违反WTO义务。正如本案中，上诉机构根据美国法律，确认外国销售公司只要达到了法定条件，即外国销售公司必须在美国关税领土之外设立，并从事与出口有关的货物销售，在纳税年度，其交易的经济过程发生在国外，政府就必须对其来源于国外的收入免税，而可以享受免税待遇的外国收入又没有上限。这样，外国销售公司与美国母公司之间通过转让定价，使美国母公司享受到间接补贴的好处，符合SCM协议所规定的禁止性补贴的构成要件，即“法律上或事实上以出口实绩或进口替代作为唯一条件”。从而判断美国的措施可能造成规避出口补贴的义务。

从以上分析可以看到，无论是间接税还是直接税的鼓励措施均可被认定为WTO以及SCM协定意义上的补贴，因为它们构成了政府的财政资助，并且给予了利益。如果这些税收措施被给予特定企业，那么则被认定为禁止性补贴（以出口实绩或使用国内产品代替进口产品为条件），或者是可诉性补贴（对进口国或其国内产业造成不利影响）。

讨论的重点是所得税与补贴问题。所得税的税收优惠是我国支持低碳经济发展的重要政策，但是，在WTO的制度下，这很容易落入补贴的范围，而且，也很容易落入WTO所禁止的出口补贴。因为受到所得税等直接税优惠的产品可能会出口，对低碳经济的税收优惠政策可能不但不能收到预期效果，反而会被某些国家（最可能的是美国与欧盟）当作武器来搞贸易保护主义，既攻击我国的政策，又坐收渔利（通过征反补贴税得到税收收入）；既把我国的产品挤出市场，又打击我国的全球竞争力和技术创新，因为出口的低碳经济产品往往是有竞争力的，技术领先、创新的产品。

面对这种情况，必须有战略、有策略、有因应之策；必须争取话语权，必须打造出自己的话语。在所得税与补贴问题上，以下问题应该给予应有的注意。

环境补贴属于绿灯补贴，允许补贴。对低碳经济的税收补贴是否能够以及怎样与环境补贴联系起来，能够实行而不是被禁止，这需要深入研究。这个问题在WTO的历史中也没有出现过或被认真考虑过，它是个新问题。在气候变化问题与推行低碳经济的全球大背景下，这个问题有相当的改进空间和讨论余地。应该抓住这个特点与机遇，提出我国的观点，为我国的低碳产品出口，为我国搞好低碳经济开辟道路，造出舆论，打造话语。

DSB裁决的执行问题是一个相当有回旋余地的领域。将来我国也可能遇到DSB裁决的执行问题，或者作为被执行人，或者作为要求执行人。上例中美国、欧盟的想法和做法都值得思考，都需要研究。作为被执行人，对DSB

的裁决也要分析研究，不需要将其当成至理至善之言，绝对执行。作为要求执行人，要注意对方是否全面、彻底执行了裁决。如有问题，要像欧盟那样，及时申诉，既不输理，也不输利。

所得税优惠案件执行上最重要的一个症结问题，即报复机制对所得税案难以施行。报复是 WTO 得以运行的重要机制，一方不执行 DSB 的裁决，受损方可以请求授权报复。但是，涉及所得税案，如果一方不执行判决，不修改相关法律，另外一方如何进行报复？通常的报复手段、措施，如减少进出口，施加反补贴税等都难以适用，且不公平，额度也难以计算。这是报复机制与所得税案件之间的最大矛盾，暴露了报复机制的非普遍适用性，也暴露了报复机制的一个重大缺陷。

第三节

低碳补贴能否成行

一、低碳补贴的政策理念

所谓低碳补贴，是指用补贴的手段促进低碳经济的发展，即政府通过财政资助降低低碳经济发展成本，发展支持鼓励低碳经济的政策要素、技术要素、能源要素等，其目标是在保证经济发展的前提下，最大限度地减少碳排放。低碳补贴并非空穴来风，而是有一定的政策理念支撑的。低碳补贴，从性质上看属于绿色财政的一个分支，从功能上看属于一种环境补贴。

1. 绿色财政

无论是可持续发展理论，还是和谐世界/社会的理想，都包含着对自然资源的合理利用与环境保护的要素，都强调经济的发展不能以牺牲环境和资源为代价。近年来，我国形成转变经济发展模式的趋势，先后提出循环性经济发展模式、节约型经济发展模式等，尤其是 2008 年北京奥运会召开后，“绿色农业”“绿色建筑”“绿色文化”等词更是大众耳熟能详。“绿色”一词遍布自然科学和社会科学两大领域，甚至成为国家政策的亮点。在气候变化的背景下，绿色经济突出表现为低碳经济。

绿色财政理念已被提出十多年之久，其初衷是改善日益恶化的生态环境。在发展节约型经济时期，绿色财政被更加广泛、更加突出地探讨。节约型社会是和谐社会的重要属性，也是和谐社会建设的重要内容，它是指在社会生产、建设、流通、消费的各个领域，在经济和社会发展的各个方面，切实保护和合理利用各种资源，提高资源利用效率、资源生产率和生态效率，使废弃物得到再循环或有效处置，以尽可能少的资源消耗和环境占用获得最大的经济效益和社会效益。节约型社会的核心是资源有效配置、高效和循环利用①。绿色财政便是把由“绿色”引申而来的环保、健康、安全、文明、持续等可持续发展、深刻而丰富的理论内涵融入到公共财政的理论当中，是可持续发展思想与公共财政理论的高度融合，是效率、公平与稳定原则的最佳耦合②。也就是说，国家在调节经济、争取经济适度增长的同时，注重自然生态平衡，合理配置自然资源与人力资源，维护社会长远利益及长久发展，对社会产品进行分配与再分配。与以往的财政政策相比，绿色财政

---

① 匡贤明．我国转轨时期的节约型社会建设与市场化改革［J］．贵州财经学院学报，2007（5）：14.

② 韩文博．试论绿色财政［J］．财政研究，2006（1）：56.

的特点是关注环境保护与人类的长远利益①。由于环境问题不仅仅是一国内部问题，其本身就是一个全球性问题，所以一国政府实施绿色财政能够对全球增加福祉。

近年来，绿色财政的外延不断扩大，由以往的绿色财政收入（绿色税收），扩大到绿色财政支出（包括绿色补贴）、绿色转移支付、绿色政府采购和绿色财政管理等。其中，绿色补贴的目标是，主要通过绿色支付加强对低碳、绿色、环保企业的扶持，加强对绿色技术研发的支持，加强对生态绿色税源的培植，增加绿色经济增长点，从而推动绿色转型和绿色发展②。有学者提出，绿色补贴对我国发展绿色经济，走可持续发展之路大有裨益。因为通过财政补贴，对绿色产业在成长初期，特别是因新产品的研发而出现的暂时亏损或新产品为打入国际市场而出现的暂时亏损③，具有弥补和缓冲的作用。

绿色财政自提出至今，仍然是我国财政政策的主导方向。绿色财政要求把经济发展、社会进步、环境保护、人的发展和财政管理紧密地结合起来，追求财政收支规模、财政运行质量、促进发展程度和财政承载能力等目标的统一，因而涉及财源建设、财政管理、财政政策等方方面面。绿色财政是实现可持续发展总体战略的一种有效机制或者说重要支撑、根本保证④。不同时期的目标不同，在低碳经济时代，作为绿色财政外延之一的绿色补贴主要是

---

① 杨蓓，李霞．“绿色财政”初探［J］．四川财政，1998（6）：7.

② 曾纪发．构建我国绿色财政体系的战略思考［J］．西部财会，2011（1）：7.

③ 李树．经济绿色化发展与积极绿色财政政策的实施［J］．经济问题探索，2002（4）：52.

④ 李景华．试论绿色财政与可持续发展［J］．山西能源与节能，2007（2）：48.

低碳补贴。政府不仅要大力发展促进低碳经济的补贴，而且要取消阻碍低碳经济发展的不合理补贴。十年前，我国西部生态治理时，就有学者建议取消不符合可持续发展的财政补贴，推动资源和商品价格真正反映其包括生态环境资源成本在内的全部社会成本，有利于西部摆脱不合理的财政补贴所造成商品高价、原材料低价、自然资源无价的生态环境资源严重流失的不平等地位①。

2. 环境补贴

（1）环境补贴的含义及背景。目前，无论是SCM协定还是国内学界，对环境补贴都没有统一的定义。SCM协定第8.2条（c）简单提到，“为促进现有设施适应法律和/或法规实行的环境需要而提供的援助”，属于不可诉补贴。鉴于前文提到，WTO成立5年之后SCM协定不可诉补贴的条款的效力存亡是个未知数，所以有理由认为，不能将环境补贴明确理解为不可诉补贴，如今的环境补贴有可能构成可诉性补贴，甚至禁止性补贴。

无论环境补贴属于何种补贴，在气候变化、环境恶化的危机意识下，更重要的是关注环境补贴的环境效益，这是环境补贴的首要目标和意义所在，也是环境补贴在众多补贴类型中脱颖而出的理由所在。综合国内学者对环境补

---

① 吴玉萍，董锁成．绿色财政政策：西部山川秀美的首选政策［J］．开发研究，2001（1）：27.

贴所下定义①，笔者认为，所谓环境补贴，是指政府基于改善环境、保护生态的目的，在企业因主客观原因不能有效进行环保生产或投资的情况下，通过直接的财政资助或间接给予税收、信贷等优惠的方式，帮助企业改进环保设备和工艺，使企业的生产及投资向环保型转变，从而解决环境问题的一种补贴。

环境补贴的产生有其重要背景。现今的发达国家历史上采取资源掠夺型经济发展模式，其严重后果是造成了大气污染、水污染、森林退化、气候变化等一系列环境灾难。随着经济的增长，生活条件的提高，人们对生活品质和自身健康的追求日益升级。环境问题的跨国性以及国际贸易的发展使各国的“环境难民”首先在心理上结成同盟，不约而同地达成解决全球环境问题的共识。

但是，客观上发达国家与发展中国家在经济实力上大不相同，所以为了扶植环保型产业，发展中国家特别有必要也有责任对环境保护进行适当的补贴。因为，为了保护环境和资源，有必要将环境和资源费用计算在成本之内，使环境和资源成本内在化，而环境和资源成本内在化势必影响到产品的生产成本。

世界各国环境补贴的适用范围较为广泛，单从经济领域来看，环境补贴已经应用于农业、能源燃料、渔业、林

---

① 姚爱萍认为，“环境补贴是指政府在经济主体因认识上的偏差或资金上的私有制不能有效进行环保投资的情况下，为了解决环保问题，或是出于政治、经济原因而对企业进行各种补贴，以帮助企业进行环保设备、环保工艺改进的一种政府行为。目前，环境补贴采取的形式主要有：支付现金、税收激励和豁免、政府环境保护投资或政府以优惠利率提供贷款等。”参见：姚爱萍．环境补贴对国际贸易的影响及我国应采取的对策［J］．世界贸易组织动态与研究，2005（4）：29. 邓可祝认为，“环境补贴是指行政主体基于改善环境，保护生态的目的而对私人给予的各种优惠。”参见：邓可祝．环境补贴研究［J］．特区经济，2007（2）：135.

业、水资源及公路运输业等部门①。在我国，环保补贴可分为三大类：治理和保护公共环境的补贴、生产企业环境保护补贴和维系生态系统的补贴②。

（2）具有代表性的环境补贴。以欧盟的环境补贴和美国的环境补贴作为具有代表性的环境补贴来研究。

欧盟的环境补贴制度稳定，体系完善，与时俱进，不断更新，重视环境管理和综合治理的理念。欧盟各部门环境补贴中，农业环境补贴制度走在改革的前列。欧盟农业环境补贴制度改革的动力包括六个因素：日益高涨的消费者需求、日渐衰减的农村人口、国际贸易的关注、欧盟的东扩、对英国“退款”的姿态以及 WTO 农业协议的谈判③。欧盟农业环境补贴制度改革的特点包括：首先，从最初的单纯关注农业生产资源的可持续利用的标准④，发展到环境治理、自由贸易和农民收入等多元化标准和目标。其次，农民不再仅仅是粮食生产者，而且是带动农村经济发展的主要动力；农村不再仅仅是向城市提供粮食的基地，其自身发展受到高度重视。例如，英格兰推出环境管理者项目，向英格兰的农民以及能够在其土地上有效地管理环境的其他土地管理者提供直接的资金补贴⑤。欧盟农业环境补贴的先进理念和制度值得我国借鉴，有助于解决在我国深受关注的农业、农村、农民问题。

---

① Myers N Kent J. Perverse subsidies：how tax dollars can undercut environment and the economy［M］. Washington DC：Island Press，2001.

② 张贵萍．国外对华产品适用反补贴调查的法律思考［D］．重庆：西南政法大学，2009：25.

③ 姜双林．欧盟农业环境补贴法律制度的嬗变及其对中国的启示［J］．法治研究，2008（6）：3，7.

④ 黄河．论我国农业补贴法律制度的构建［J］．法律科学，2007（1）：108.

⑤ 姜双林．欧盟农业环境补贴法律制度的嬗变及其对中国的启示［J］．法治研究，2008（6）：3，7.

美国反补贴法的一个显著特点是，一直将包含环境补贴在内的不可诉补贴沿用至今，这与 WTO 和欧盟存在差异①。美国反补贴法中对环境补贴的规定与 SCM 协定异曲同工，都是比较模糊的概括性规定。美国是较早实现农业现代化的国家，但是，美国在农业现代化生产初期，看到的是农业现代化带来的经济效益，却忽视了其对环境造成的不良影响，尤其是化肥代替有机肥的使用，严重破坏了土壤质量。于是，美国的农业补贴制度加入环境因素，成为新的农业环境补贴制度。该种补贴制度给予农民环保型的价格支持和各种优惠，尤其是对低收入农民给予补贴②。美国的农业环境补贴与欧盟的共同之处在于，注重农民和农村的发展。例如，美国对农民实施环保教育补贴。政府准备每年单列 25 亿美元用于农业环保教育和农业生态研究，让人们普遍认识到生态环境与生物多样性对可持续农业的重要性③。这是值得我国借鉴之处，因为提高农民的环保意识与素质也是我国政府的愿望，虽然付诸政策与实践还有待时日。

二、低碳补贴的必要性

1. 市场机制缺陷使政府宏观调控成为必要

（1）市场调节机制的单一性的负面后果

① 企业的决策不科学。从经济理论来说，市场调节

---

① WTO 的 SCM 协定第 8 条有关不可诉补贴的规定有被废止之说，欧盟废止了不可诉补贴的规定，但是在其国家援助法里保留了环境补贴。参见赵世良．国际贸易中的环境补贴问题研究［D］．长沙：湖南师范大学，2009：33，36，37.

② United States Department Of Agriculture（USDA）. Various Policy Instruments For Various Ends［EB/OL］.（2001－01－25）［2011－05－28］. http：//www. ers. usda. gov/publications/aer794/aer794b. pdf.

③ 张时霖．美国农业绿色补贴计划［J］．世界农业，2000（5）：10.

主要是调节供需关系，其外在表现即价格的波动。当供大于求时，价格下降；供小于求时，价格上涨。作为市场主体的商家、企业只能根据价格波动来判断某种商品的市场行情，从而调整其生产经营方案。但是，市场所反映的经济变化毕竟只是微观层面的，企业往往不能通过市场了解国家宏观经济的变化，比如国家重视低碳产品的生产和环保型行业的发展等。因此，仅仅根据市场作出的销售决策不是最科学的。

② 造成企业盲目逐利。

由于激烈的自发竞争，企业通过市场逐利时，易单纯追逐利益指标，简单粗线条地关注本企业的经济利益，而这种利益指标往往是短暂的、眼前的，不利于企业的长期发展。低碳经济时代已经起步，但是我国尚未出台系统、全面的低碳立法，对市场主体的生产销售行为没有强制性约束，企业的市场行为很少甚至不会考虑低碳减排、保护环境。市场主体在根本上围绕自身利润的获取和竞争力的提高这两个私人目标而决策和行为，而不会考虑产品价格所没有反映的社会公益。例如，某化工厂污染了附近居民赖以生活的河流，使附近的居民受到损害，但是这种社会公益性的环境成本由于没有体现在产品当中，而不被该化工厂所考虑。

（2）市场调节机制的滞后性

市场反映的只是在过去的生产和分配基础上出现的需求结构，今天的市场很少能说明将来的生产结构、生产方法、生产费用、生产价格、贸易情况、收入分配以及需求结构等，很少能回答未来的生产结构将会在多大程度上符合需求结构等问题①。今天，社会发展已经进入低碳时代，

① 锡克．第三条道路［M］．北京：人民出版社，1982：164.

但是低碳市场机制并不完善，市场上低碳产品并未占据主导地位，商品生产的低碳成本也没有很好地反映在需求上。从这个角度来说，市场调节机制缺乏预见性，市场反映的供求信息并不全面，如果商家一味地只关注市场行情，而不关注整个社会的宏观动态和国家的大政方针，则很容易导致运营不善，投资失败，甚至破产的败局。

（3）市场配置资源的局限性

市场不能为效率以外的其他社会目标服务，如果说市场机制在私人产品领域内还有局限的话，那么在公共领域内市场机制几乎是无能为力了①。从理论上说，市场不能将外界效应涵盖其中。所谓外界效应，是指生产者的行为影响到第三者，即影响到既非卖方也非买方的其他人。这种第三者并且不反映在价格中的效应称为“外界效应”②。市场机制的该缺陷在低碳经济时代尤为突出。例如，制鞋业在生产过程中排放的二氧化碳污染了环境，但是，每双鞋的价格只包含人力和物力成本，却没有包括环境污染成本。由此可见，低碳经济时代，市场配置资源与社会的实际需要有不相符的地方。

综上，市场机制的三个缺陷都是不利于环境保护，不利于发展低碳经济的。因此，发展低碳经济、保护环境，政府应当发挥更重要的作用。低碳经济时代，低碳补贴是政府弥补低碳市场缺陷的最直接手段。政府给予企业具有低碳导向性的财政补贴，引导企业在经营时放长眼光，充分考虑低碳环保因素。

2. 我国的低碳经济现状

---

① 纪良纲. 市场机制缺陷的不同类型及其弥补［J］. 学术论坛，1990（3）：61.

② 郭连成. 西方市场机制缺陷论及混合经济理论［J］. 国外社会科学，1999（5）：46.

首先，我国是一个巨大的低碳市场。国外环保组织和跨国公司已经觉察到中国的低碳商机。中国在哥本哈根变化大会上承诺减排的具体指标：到 2020 年，单位国内生产总值二氧化碳排放比 2005 年下降 40% ~45%，作为约束性指标纳入国民经济和社会发展中长期规划，并制定相应的国内统计、监测和考核办法①。跨国公司根据中国的强度减排承诺，已经瞄准中国这个潜力巨大的发展低碳产业的市场。以西门子公司为例，2007 年，“中国订单”可将西门子从“贿赂门”中挽救出来。正如其全球总裁兼 CEO（首席执行官）罗旭德所说：“中国 4 万亿元的投资计划，给西门子带来大量的商业机会，中国订单是西门子全球业务增长的重要基石。”2010 年，西门子为上海“低碳”世博会提供相关的技术支持，总价值超过 10 亿欧元，其中 90% 与环保产品和解决方案相关。西门子的全资子公司欧司朗提供的 15 万多只节能 LED 灯，以环保方式照亮园区的展馆和道路，它们的耗电量比传统白炽灯低 80%②。可见，中国低碳市场是新兴的经济发展空间，机遇与挑战并存，既吸引外资，又为我国企业敲响了警钟。我国有必要尽快提高本土企业在低碳市场上的竞争力，实现生产低碳化，销售低碳产品。

其次，考察一下我国的低碳产业状况。中央《关于推进我国低碳产业发展的提案》（0002 号提案）指出，当前全球气候变化问题已经关系到世界各国的发展和人类的生存，全球变暖已引起国际社会的广泛关注，各国都在努力减少温室气体排放。发展低碳产业，提倡低碳的生产、生

---

① 王敏. 跨国公司看好中国低碳市场［N］. 中国企业报，2009 - 12 - 03 (002).

② 官平. 瞄准中国 7 万亿美元低碳市场［N］. 东方早报，2010 - 05 - 06 (A37).

活方式，不仅是解决气候问题的根本出路，也将为我国赢得新一轮世界经济竞争的先机。提案中第五点建议强调，我国要加快产业结构优化升级的步伐，政府有必要采取措施加大高碳产业低碳化的投资。我国的高碳产业主要包括电力、化工制造业、建筑业、钢铁业、航空业、汽车等。这些高碳产业是二氧化碳排放的主体，产业的二氧化碳排放在城市排放中占据主体地位。我国新兴的低碳产业主要有：新能源行业，如风能、太阳能、核能；文化旅游产业；等等。具有代表性的产业园区有：北京经开新型低碳高端的产业园区，是国家低碳产业的重点研发基地，出版了《建筑碳排放系统计量方法》，发布《员工低碳生活指导手册》，设立研究机构和示范基地，开展低碳经济领域内的学术活动①；大连高新区“七贤低碳产业园”正在筹建中。此外，还有鄱阳湖生态经济区、皖江示范区等。这些低碳产业的目标一致，都是追求低碳排放，起到引领低碳经济发展的重要作用。目前，我国的低碳产业的发展模式是：高碳产业低碳化改革，新兴低碳产业加快发展，低碳产业生产链和低碳产业群初显。

再次，考察一下我国低碳技术的状况。掌握先进能源技术将是一个国家核心竞争力的体现。欧盟等发达国家力推全球长期减排目标，旨在将其能效和新能源领域的技术领先地位和竞争优势转化为市场和经济优势。目前，我国能源结构中石化能源仍然占据主导地位，因此，低碳技术创新对于减少中国二氧化碳排放总量无疑具有重要的现实意义。技术创新可以引进或自主研发，而清洁发展机制（CDM）虽然成本低廉，但是不能获得发达国家的核心技

---

① 产学研合作助推低碳产业经济研究［J］. 中国科技产业，2011（3）：59－61.

术，所以从长远来看，我国需要自主研发低碳技术，尤其是能源的清洁、高效利用和节能减排技术①。我国低碳技术创新存在一系列问题，如研发资金不足、高端人才缺乏、研发处于稚嫩阶段。低碳技术本身的路径依赖②属性使其与现有成熟的以化石燃料为基础的技术相比在成本上缺乏竞争力③。高新技术在开发初期高成本、低收益的特点对于逐利型企业显然吸引力不够。因此，我国有必要借鉴外国先进经验，对低碳技术创新给予补贴。例如，丹麦政府对石化能源的税收非常高，而对可再生能源不但不征税，还会有补贴，这很大程度上提高了投资者投资低碳产业的积极性。丹麦政府对风电实行补贴，每度电在市场价的基础上国家补贴 0.25 丹麦克朗（约 3.3 欧分），保证了投资商的积极性④。德国则对国内各机构的低碳技术研发给予直接的财政资助。

综上，我国是一个巨大的低碳市场，蕴藏着无限商机，极具开发潜力。但是，我国低碳技术与发达国家仍然存在差距，高碳产业的低碳化没有彻底完成，新兴的低碳产业有待于进一步发展。因此，我国政府有必要补贴低碳技术，发展低碳产业，以便保持我国低碳市场的竞争力，促进低碳经济发展。不仅如此，低碳补贴能够提高低碳产品的出口和国际竞争力，有利于抵制、突破发达国家设置

---

① 王可达．低碳技术创新的意义及路径选择［J］．探求，2011（2）：69.

② 路径依赖问题是保罗·大卫提出的，他认为：经济社会中一些偶然事件可能导致一种技术战胜另一种技术（即技术演进），但是一旦选择某一技术路线，它会持续到最终，即使另一种技术路线可能比该路线更为有效。参见：孙丽芝．低碳技术创新面临的问题与对策探讨［J］．机械管理开发，2011（1）：139.

③ 孙丽芝．低碳技术创新面临的问题与对策探讨［J］．机械管理开发，2011（1）：139.

④ 王靖宇，史安娜．低碳技术扩散中政府管理的国际经验比较研究［J］．华东经济管理，2011（5）：19－20.

的绿色壁垒。

三、我国低碳补贴的政策与制度构建

国外低碳经济发展实践中，经济激励机制是各国普遍采用的，包括税收、补贴、价格和贷款政策等。低碳经济在一些发达国家取得成效，是离不开政府的这些激励措施的①。笔者就构建我国的低碳补贴制度提出以下建议：

1. 企业低碳补贴

对企业进行低碳补贴的目的有两个：一是提高企业在低碳市场上的竞争力，保护中国的低碳市场，使其不至于被国外的跨国公司瓜分殆尽；二是，通过低碳补贴这种经济激励手段，鼓励企业自主研发低碳创新技术。第一个目的的低碳补贴主要适用于产品生产销售型企业，并鼓励其出口；第二个目的的低碳补贴主要适用于技术研发型企业，例如，华为、大唐等。

对生产销售型企业可以在生产环节给予财政补贴，将低碳成本内化到其产品中，如对其购置低碳环保型设备进行补贴；也可以在销售环节给予补贴，如对消费者购买节能家电进行补贴，从而间接降低家电销售企业的成本，扩大其市场占有率。还可以对企业进行投资补贴，引导企业向低碳环保产业投资。政府补贴的主要是本土企业，中外合资企业则不是低碳补贴的主要对象。

对技术研发的补贴更为重要，因为技术是低碳经济发展的根本动力。企业是低碳研发的重要主体，政府需要做的是通过补贴这种激励机制，使企业心甘情愿地成为低碳技术的研发主体，增强企业抵御技术创新中的各种风险的

---

① 毛荐其，王发明，陈雷．国外低碳经济发展：理论、实践及启示［J］．山东工商学院学报，2011（1）：3.

能力。补贴的方式可以是直接的或间接的，如对企业低碳技术创新融资给予税收优惠，对低碳产业和有明显污染削减的技术改造项目进行贴息等。

此外，我国对出口企业的低碳补贴也是必要的。目前，中国出口产品中高碳产品所占比重大，在国际贸易中有被征收碳关税的威胁。有关数据表明，中国出口贸易造成的二氧化碳完全排放总量由 2002 年的 3.41 亿吨增加至 2006 年的 8.45 亿吨，增长了 147.6%①。因此，我国政府有必要对出口企业给予低碳补贴，引导出口产品低碳化，有利于我国规避国际贸易中的绿色壁垒，提高我国在国际贸易中的竞争力。

2. 产业低碳补贴

首先，对于传统的高碳产业，政府应当主要对其进行产业结构优化和对升级环节给予补贴，对新兴的低碳产业主要补贴其创建初期的研发成本和运行费用。对产业的低碳补贴一定要结合各个产业的特点，落到实处，充分发挥补贴的效应。例如，对农业的低碳补贴费用可以用于开发清洁能源，就地取材，或用于对农民的环保教育上。对建筑业的低碳补贴，要鼓励建筑商使用本土的建筑材料。非本土的建筑材料在整个生命周期中比本土的建筑材料耗能高出 4~5 倍②。我国是渔业大国，对渔业的低碳补贴要具体用于发展渔业低碳技术、提高渔业生态效率、促进生物固碳去碳三方面③。新能源产业的补贴应该以研发补贴为主。

---

① 孙小羽，臧新．中国出口贸易的能耗效应和环境效应的实证分析：基于混合单位投入产出模型［J］．数量经济技术经济研究，2009（4）：33-34.

② 赵磊，冀峰．低碳技术在绿色建筑中的应用与构想［J］．知识经济，2011（5）：145.

③ 张显良．碳汇渔业与渔业低碳技术展望［J］．中国水产，2011（5）：9.

其次，产业低碳补贴要体现地区差异，因地制宜。比如，对于自主招商引资能力强的地区，如拥有钢铁生产基地的鞍山，可以适当减少财政补贴；对于低碳资源丰富的地区，可以加大补贴，促进其尽快建立低碳生产链和试点园区。例如，我国的唐山市，拥有丰富的铁矿、煤矿、石油、天然气、金和非金属等资源，品质高、结构好，如果结合起来进行开采加工，有利于产业链的延伸①。对唐山等地，可以加大政府的低碳补贴。

再次，对低碳产业园区进行补贴。低碳产业园区有益于形成规模效益。其管理科学，项目全面，低碳成果集中。在我国发展低碳经济的道路上，其有利于低碳高新技术的产业化，最终形成高新技术产业。高新技术产业是低能耗、低污染、高技术含量、高附加值的产业，是低碳产业发展中潜力巨大、前景广阔的产业之一②。我国各地区主要采取的低碳产业园区模式包括低碳产业园、低碳科技园、低碳工业园、低碳物流园、低碳技术应用示范园、低碳生态园、低碳 CBD、低碳社区等。目前，我国低碳产业园区还处于初级阶段，大多数研发项目属于其原有项目的升级版，核心技术缺乏③。

最后，可以借鉴欧盟生态补贴经验，建立产业低碳补贴的奖惩机制。补贴额度与产业对低碳经济发展投入额度成正比，而且产业的生产经营者申请低碳补贴项目时必须承诺预期成果和保证措施，若不能达到最低标准要求则不

---

① 于海珍，金起文，张玉松．资源型城市唐山发展低碳产业的路径研究［J］．中国经贸导刊，2011（5）：58.

② 王军．我国低碳产业发展的问题与对策研究［J］．理论学刊，2011（2）：50.

③ 史达．我国建立低碳产业园区存在的问题［J］．经济研究参考，2011（6）：35.

能获得全额的低碳补贴甚至不能获得补贴①。这种机制能有效保证低碳补贴在产业中的利用效果。

3. 技术低碳补贴

低碳补贴技术包括节约能源技术、低碳能源技术以及碳捕获及存储技术。目前，从各国平均指标来看，节约能源技术取得的成果较为显著。如节能家电，节能汽车等。发达国家在房屋设计上，不仅取材节能，还推崇自然通风设计理念，实现间接节能的效果②。

低碳能源技术补贴。法国政府对核能的补贴量大，成果显著。法国是全世界核能利用第一大国，建设了大量核反应堆，目前法国的电力供应中80%以上依靠核能，另外还向西班牙、比利时、瑞士和德国等邻国出口电力。目前，法国第三代压水反应堆 ERP 被认为是世界上最先进的核电技术，其发电成本比天然气还低30%。但是，法国政府并不满足于现状，计划今后几年投入 7 亿美元研发第四代核反应堆技术。俄罗斯、美国、澳大利亚等也将发展核能技术作为减少含碳燃料使用量的重要途径之一③。

碳捕获及储存技术主要分布在北美和欧洲，亚洲较少。美国能源部从 1997 年开始碳收集的研发，2006 年经费达到6600 多万美元，2007 年经费近 1 亿美元。其目标是到 2012 年能捕捉 90% 的化石能源转化过程中排放的二氧化碳，并达到 99% 的永久储存率，成本增加不超过

① 王广深，侯石安．欧盟农业生态补贴政策的经验及启示［J］．经济纵横，2009（5）：110.

② 王发明，毛荐其．低碳技术：低碳经济发展的动力与核心［J］．山东工商学院学报，2011（2）：30.

③ 李丽平．国际贸易视角下的中国碳排放责任分析［J］．环境保护，2008（3）：43－49.

10%[①]。

对于我国来说，高碳产业向低碳产业升级的技术尚不完备，所以我国对于上述三种能源技术均需要补贴。此外，政府还要资助低碳技术人才培养与高端人才引进，包括技术预测人才、管理人才、研发人才、推广人才等。

四、低碳补贴案例解析：中美风电补贴案

1. 中美风电补贴案的背景与案情

以上讨论了对低碳经济给予补贴的必要性。还应看到对低碳经济给予补贴已经成为各国普遍采用的手段。但是，不能不看到，WTO 对补贴总的来看还是约束大于允许，而且有许多苛刻的条件。而且，在实践中，已经遭遇了美国对我国的投诉。

国际风电新能源市场竞争中，美国一直居于前列。近年来，中国风电产业竞争力不断提高，中国风电企业的国际市场地位不断攀升。截至 2010 年底，中国全年风力发电新增装机达 1600 万千瓦，累计装机容量达到 4182.7 万千瓦，首次超过美国，跃居世界第一。中国资源综合利用协会可再生能源专业委员会（Chinese Renewable Energy Industries Association）联合环保组织绿色和平（Greenpeace）发布公告称，预计到 2020 年，中国累计风电装机容量可达 2.3 亿千瓦，每年总发电量可达 4650 亿千瓦时。

该委员会秘书长李俊峰在公告中说，“十一五”规划中可再生能源如风电、水电等的发展指标都已完成，但规定的可再生能源占总能源消耗 10% 的比例目标没有完成，目前可再生能源刚刚超过 9%。李俊峰表示，中国风电装备的质量水平，包括设备完好率、发电能力等还有待提

① 黄栋．低碳技术创新与政策支持［J］．中国科技论坛，2010（2）：39－45．

高，虽然 2010 年中国风电装机容量超过了美国，但是发电量只有 500 亿千瓦时，仍低于美国。绿色和平气候与能源项目经理杨爱伦称，中国有成为全球可再生能源超级大国的潜力，然而，风电在整个能源结构中所占的比例依然很低，要从风电装机大国发展为风电利用大国，在全球清洁能源革命中拔得头筹，中国仍需继续给力①。

目前，中美在风电新能源市场中的竞争情况是，美国的综合实力仍然超过中国，但是中国的迅猛发展威胁到了美国风电产业在国际新能源竞争中的地位。如果说 2010 年之前，中国风电产业处于山地爬坡阶段，那么 2010 年之后，中美将展开一场风电产业竞争的公路赛。中国大力补贴风电研发的同时，美国没有坐以待毙，而是将中国的低碳补贴诉诸 WTO 争端解决机构，引发中美之间风电低碳补贴的贸易战。

2010 年 12 月，美国政府要求在 WTO 与中国进行磋商，时限为三个月。磋商的目的在于迫使中国停止向风电生产提供上亿美元补贴。理由是：根据中国财政部的低碳

---

① 中国超越美国，成全球最大风电装机国［EB/OL］.（2011－01－13）［2011－07－19］. http：//www. chinamarket. com. cn/dataservice/energy/110113103315y3m. html.

补贴规定①，中国的风电设备生产企业中，只有使用国产零部件的企业有资格获得政府补贴，而使用外国零部件的国内生产企业似乎与政府补贴无缘。这是一种具有严重危害的进口替代补贴，是一种贸易壁垒，损害了美国对华的出口利益②。

磋商期限截止之前，中国政府于 2011 年 2 月对 200 多项法律法规进行例常清理，废止了美国控诉的补贴规定。据此，本案中的争议措施——中国财政部低碳补贴法规——已不存在，没有必要成立专家组继续解决争端，这项贸易争端以磋商程序的终结画上句号。

2011 年 6 月 7 日，美国政府官方网站宣称，中美风电低碳补贴贸易争端美国胜诉，中国已经在美国的政治压力之下取消了对风电企业的歧视性补贴，并声称美国的这次胜利为本国的新能源技术企业及其工人创造了一个更加公平的竞争环境③。

2. 中美风电补贴案的启示

中美风电低碳补贴案，作为针对中国低碳补贴的首批

---

① 2008 年 8 月，中国财政部公布实施《风力发电设备产业化专项资金管理暂行办法》，规定对符合支持条件的企业的首 50 台兆瓦级风电机组，按 600 元/千瓦的标准予以补助，补助资金主要用于新产品研发。“支持条件”即中国风电企业生产的发电机中的国产零部件必须达到一定比例方能获得政府的财政支持，包括获得低价土地、低息贷款、特惠合同等。参见美称中国已同意停止风电补贴［EB/OL］.（2011 - 06 - 09）［2011 - 07 - 20］. http：//news. hexun. com/2011 - 06 - 09/130373597. html. 段秀杰 . 美称中国屈服美压力停止对风电企业补贴［EB/OL］.（2011 - 06 - 10）［2011 - 07 - 20］. http：//news. hexun. com/2011 - 06 - 10/130419624. html. 刘杰 . 美国诉中国风电补贴，新能源之争再起波澜［EB/OL］.（2011 - 01 - 04）［2011 - 07 - 20］. http：//www. newenergy. org. cn/html/0111/141138083. html.

② 华尔街日报 . http：//cn. wsj. com/gb/20101223/bus100322. asp.

③ 段秀杰 . 美称中国屈服美压力停止对风电企业补贴［EB/OL］.（2011 - 06 - 10）［2011 - 07 - 20］. http：//news. hexun. com/2011 - 06 - 10/130419624. html.

案例的典型，给我国以下启示。

（1）低碳补贴将成为新能源竞争的经常性措施

此次中美风电争端预示着低碳补贴将成为新能源竞争的经常性措施。

首先，低碳补贴是中美新能源产业竞争的关键性手段，而不是中国的独有手段。事实上，美国的补贴远远高于中国。数据显示，美国对于新能源的补贴高达 500 亿美元①。2010 年前 9 个月，美国已经通过现金支付方式给美国的新能源企业提供了 46 亿美元补助，仅风电企业就获得了其中 30 亿美元的巨额补贴②。为了扶植新兴产业的发展，对新能源给予低碳补贴已经成为各国普遍采用的手段，如美国对新能源的巨额补贴，这是由新能源产业发展初期的柔弱稚嫩特点决定的。中国对风电产业的低碳补贴使中国的风电成为经济发展的新亮点，对中国可再生能源发展具有里程碑意义，预示着未来中国主导世界新能源市场的可能性。

其次，政治压力不足以阻止低碳补贴的使用。本案中，虽然中国废止了对风电企业提供低碳补贴的政策法规，但并非如美国宣称的是迫于其压力，而是一种国内定期法律法规清理行为，只是法规清理的时间与贸易争端磋商的时限吻合，从而被美国政治媒体当作渲染政治魅力的工具。美国奥巴马政府基于国内换届选举压力，可以通过加大国内低碳补贴的力度来拉动新能源经济增长点。中国的可再生能源，不论是人均风电电量，还是风电在国民经

---

① 史燕君．美称中国同意停止风电补贴，涉及数亿美元［EB/OL］．（2011－06－08）［2011－07－20］．http：//news. hexun. com/2011－06－08/130335996. html.

② 刘杰．美国诉中国风电补贴，新能源之争再起波澜［EB/OL］．（2011－01－04）［2011－07－20］．http：//www. newenergy. org. cn/html/0111/141138083. html.

济中所占的比重，在世界的排名都很落后①。从公平角度来说，在美国国内不减少风电等新能源低碳补贴的情况下，中国也不会减少类似补贴。

（2）进口替代型补贴贸易摩擦将增多

WTO 规定的禁止性补贴包括出口补贴和进口替代补贴。但是，纵观 WTO 涉诉的补贴案例，多集中于出口补贴，而很少涉及进口替代补贴。根据世界贸易组织法律事务部的案例归类总结，涉及进口替代补贴的案例仅包括加拿大汽车案和美国陆地棉案，其余禁止性补贴案例多涉及出口型禁止性补贴②。中美风电低碳补贴案将成为 WTO 补贴争端中涉及进口替代补贴的第三案，同时，也是低碳时代 WTO 涉及进口替代型低碳补贴和新能源补贴第一案。此案将引发成员方对进口替代补贴问题的关注，以及对其反补贴措施的思考。

目前，与出口补贴处于反补贴的风口浪尖的情况相比，进口替代补贴则居于次位。原因可能是与出口补贴相比，进口替代型补贴目的旨在扶植本国产业，而非限制进口，对进口产业的间接限制只是其附带效应而已。一国为了发展低碳产业技术，将越来越多地直接补贴本国低碳产业技术，当针对出口补贴的贸易救济措施不足以平衡国家之间在新能源领域的竞争力时，美国等发达国家的反补贴措施会逐渐转向进口替代型补贴。所以，进口替代补贴贸易摩擦在未来低碳补贴争端中将会增多。

（3）低息贷款将成为间接补贴的新亮点

本案中涉及的补贴方式主要是低价土地、低息贷款、

---

①　焉靖文．施压中国风电政策 美欲占新能源制高点［EB/OL］．（2011－06－09）［2011－07－20］．http：//news．hexun．com/2011－06－09/130387537．html．

②　世界贸易组织法律事务部．WTO 争端解决案件概要（1995—2007）［M］．朱榄叶，译．北京：法律出版社，2009：371－372．

特惠合同等。其中，低息贷款与税收优惠类似，也属于间接补贴的方式之一。在各国绿色财政计划中，大多均包含税收优惠、低息贷款。以往的经典案例集中体现了税收优惠间接补贴方式，本案则使低息贷款成为新能源间接补贴的亮点。税收优惠显然与政府部门挂钩，而提及低息贷款，则人们对其主体的判断首先是银行等金融机构。因此，低息贷款形式的间接补贴比税收优惠间接补贴更具有隐蔽性。

① 公共机构界定的模糊性。WTO涉诉补贴案件中，首先需要对补贴的主体进行判断，只有政府部门等公共机构提供的财政资助才属于所谓的补贴，如果财政资助来自私人部门，则不符合WTO所定义的补贴行为。同理，低息贷款如果是商业银行的行为，而非中央银行的行为，那么则不属于WTO意义上的行政补贴。因此，对低息贷款的补贴性质进行认定，首先要考虑到该贷款是政府贷款抑或普通商业贷款。WTO判例法中，对补贴主体的界定分两部分：政府和公共机构。其中，对"政府"及其部门的界定似乎不存在争议，但是对"公共机构"的界定则一直处于模糊状态。

目前，WTO补贴规则中，均未形成对"公共机构"的统一界定。美国在WTO有关修订补贴规则的最新谈判中积极倡导进一步澄清"公共机构"的概念，建议成员及时通报其政府与企业的股份比例关系，以及政府对其控股企业进行财政资助的限制条件①。实际上，美国的意图是对"公共机构"进行扩大解释，公共机构不仅指政府部门，还包括受政府委托或指示、代行政府职责的私人部

① 林惠玲，卢蓉蓉.WTO新一轮谈判中美国在补贴与反补贴规则修改上的立场和建议［J］.国际商务研究，2010（2）：64-66.

门，以防止政府通过间接的、隐蔽性的手段提供补贴。然而，美国对间接补贴形式的关注集中于税收优惠，而未就政府提供低息贷款给予关注。美国强调对于税收优惠的审查不能流于形式，而是要对其可能造成的贸易损害进行实质审查，不能因为税收形式上的间接性而放松对损害实质性的审查。关于政府贷款，美国仅强调对破产企业的政府贷款需要进行程序性的澄清，而没有针对其他形式的政府贷款提出相关建议，如新能源研发低息贷款等。①

目前的 WTO 判例法，同样没有形成对“公共机构”的统一认定标准，根据个案的判断通常给予专家组很大的自由裁量权。2008 年的美国对华某些产品反倾销反补贴案（简称“美国对华产品双反案”）中，针对“公共机构”的认定更加扑朔迷离。对英文“a government or any public body”中的“public body”的理解，中方和专家组各执一词。中方认为，“公共机构（public body）”是一个与“政府（government）”同位的概念，即公共机构与政府在职能上相同或相似。据此，中方推定国有企业属于私营部门，而不属于公共机构。专家组则认为，“public body”的修饰语是“any”，“any”一词证明，“公共机构（public body）”是一个比“政府（government）”更广泛的概念。如果将公共机构狭义地理解为政府或与政府具有相同或相似职能的部门，那么则方便了政府隐蔽于私营企业等实体后提供扰乱市场的补贴。据此，专家组对“公共机构”做了扩大解释，认定公共机构包括国有企业②。上诉

① 林惠玲，卢蓉蓉．WTO 新一轮谈判中美国在补贴与反补贴规则修改上的立场和建议［J］．国际商务研究，2010（2）：67.

② 陆凰腾．论 WTO 争端解决机构对 SCM 中“公共机构”认定标准：兼评“美国－对原产自中国某些产品反倾销反补贴案”［J］．商品与质量：理论研究，2011（1）：71.

机构审查时，中方进一步提出不同意见，认为对“公共机构”的解释不能无限扩大，公共机构至少应当是受政府控制的实体“any government-controlled entity”，即公共机构应当是经政府授权、履行政府职能、具有政府特性的机构（“public body” is an entity that exercises authority vested in it by the government for the purpose of performing functions of a governmental character）①。虽然中方的观点最终未获得 DSB 的支持，但是却获得本案第三方的支持，包括欧盟。

目前 WTO 判例对“公共机构”的解释偏于宽泛，笔者认为，这种解释应当适当调整，考虑到各国的经济体制、补贴的历史背景及现实需要。就我国而言，市场经济仍然具有浓厚的政府计划性色彩，国有企业仍然是国家经济命脉，当前发展低碳经济以及新能源研发战略，需要政府的大力支持和大量资助，包含低息贷款之类的低碳补贴不可避免。如果采用简单粗略的字面解释方法，不考虑实际情况细节而将国有企业认定为公共机构，成为反补贴之诉的对象，那么将严重阻碍我国低碳经济的发展，同时会助涨反补贴手段滥用的气焰。

② 利益授予的多样性和灵活性。如果从提供贷款的主体“公共机构”着手判断低息贷款的补贴性质，则存在较大难度。实践中，往往很难区分政府贷款与商业贷款，很多政府贷款通过结构设计披上商业贷款的外衣，隐蔽其下规避反补贴之诉。因此，涉及低息贷款的案件不会纠结于对补贴主体及“公共机构”的认定，而是着重对“利益授予”方面进行分析辨别。就低息贷款而言，对“利

---

① WTO Appellate Body Report. United States：Definitive anty-dumping and countervailing duties on certain products from China（US：AD/CVD on China））［Z］. WT/DS379/AB/R，adopted on 11 March 2011，para 9.

益”的判断通常采用成本效益分析方法，即如果政府贷款成本低于可比的商业贷款成本，则为授予了利益，具有间接补贴之嫌①。巴西诉加拿大关于影响民用飞机出口的措施案，即采用此方法判断贷款补贴是否授予了“利益”②。

即便从“利益”授予角度判断，低息贷款的间接补贴性质也较为隐蔽。低息贷款的对象、环节、用途等方面具有灵活性和多样性。从授予贷款的产品类型来看，低息贷款既可以给予出口产品，也可以给予国内产品；从授予贷款的企业类型来看，低息贷款既可以给予生产型企业，也可以给予销售型企业；从企业的运营过程来看，低息贷款可以在企业的原料采购、加工生产、运输、销售等各个环节对企业进行资助；从贷款方式看，低息贷款包括降低贷款利益，降低担保要求，给予无担保贷款等。而且，低息贷款的形式颇具现代化特点，网上贷款等简便方式逐渐成为一种时尚。总之，低息贷款的利益授予是间接补贴中最为灵活的一种方式。该种方式特别适合于发展低碳经济，补贴新能源开发。例如，生物燃料领域的一种常用援助形式，就是为基础设备提供低息贷款③，从而降低企业成本，鼓励企业进行环保、低碳生产。未来，低息贷款将与税收优惠一道，成为低碳补贴的另一种主要方式。

（4）我国应对低碳补贴之诉的技巧

中美风电低碳补贴案是美国抑制中国低碳补贴的典型案例。早在 2009 年美国钢铁工人联合会（United Steel-

---

① 《补贴与反补贴措施协定（SCM）》第 14 条第 1 款第 2 项。

② WTO Appellate Body Report. Canada: Measures affecting the export of civilian Aircraft（Canada: Aircraft）[Z]. WT/DS70/AB/R, Paras 157－158.

③ 薛狄．国际法对生物燃料问题的多维规制［D］．长春：吉林大学，2010：128.

workers)[①]曾多次上书美国政府，指责中国轮胎制造业对其造成了产业损害；2010 年以后又锁定中国各种形式的低碳补贴提出控诉。2009 年底，加拿大对我国石油钢管征收临时反补贴税[②]。可见，低碳补贴成为中美贸易关系的新摩擦，如何应对此类反补贴调查，对我国发展低碳经济是一种挑战。笔者提出以下因应之策。

① 目的合法性。我国可以从低碳补贴的目的上强调其合法性。当今世界，积极发展新能源以应对气候变化已经成为各国国策和经济发展的新动向。风能是一种典型的新能源，其燃烧时几乎不会释放二氧化碳。中国对风电产业的低碳补贴措施旨在提高风电企业的研发水平和创新能力，并非通过价格优势排挤外国同类产业。因此，中国的措施具有保护环境、节能减排、防止全球变暖等重要意义和目的，是实现可持续发展的重要手段，符合 WTO 规则对环境保护的宽容态度。具体可以从两方面切入。

第一，不可诉补贴。通过跟踪研究 WTO 有关不可诉补贴存废的一系列谈判，有学者认为不可诉补贴已经名存实亡[③]，也有学者认为不可诉补贴条款仍被保留下来。理由是：首先，不管是发达国家还是发展中国家，都同意延长第 8 条不可诉补贴的适用期，只是发达国家和发展中国家各自附加的条件不一样，这足以说明该条款还有存在的合理性，在将来的谈判中完全存在恢复效力的可能。其

---

① 美国钢铁工人联合会（United Steelworkers）是北美最大的工会，拥有 85 万名美国和加拿大会员。该工会一直将中国作为最大竞争对手，将其工人失业问题、企业竞争力问题归咎于中国。互动百科［EB/OL］.［2011－07－21］. http：//www. hudong. com/wiki/%E7%BE%8E%E5%9B%BD%E9%92%A2%E9%93%81%E5%B7%A5%E4%BA%BA%E8%81%94%E5%90%88%E4%BC%9A.

② ［2011－07－21］. http：//finance. qq. com/a/20091127/001792. htm

③ 宋和平. 反倾销法律制度概论［M］. 北京：中国检察出版社，2003：30.

次，SCM 协定最新的修订草案对第 8 条不可诉补贴予以完整的保留，当然也就包括环境补贴①。假设不可诉补贴仍然有效，那么低碳补贴需要满足以下条件：一次性的临时补贴；补贴率占补贴对象所需费用的 20%；对企业替代和实施受援投资的费用不能补贴；仅可以对企业与减少碳排放直接相关的费用补贴，且补贴仅占一定比例，不能对与低碳无关的制造成本进行补贴；接受补贴的企业必须能够适应低碳设备或生产工艺②。

第二，第 220 条（b）（g）款。

虽然 SCM 不可诉补贴条款的存废存在争议，但是，笔者认为，环境补贴并非只能依托不可诉补贴获得正当性，还可以借助 GATT 第 20 条（b）（g）款获得正当性。GATT 第 20 条规定了例外：（b）"为保护人类、动物或植物的生命或健康所必需的措施"，（g）"与保护可用竭的自然资源有关的措施，如此类措施与限制国内生产或消费一同实施"。

经过上文对我国低碳补贴必要性的分析，无论从低碳经济发展的宏观角度，还是低碳企业、低碳产业以及低碳技术等微观层面，低碳补贴在我国都是重要的激励措施，而且发展低碳经济的初衷显然是为了保护人类、动物或植物的生命或健康。更重要的是，低碳经济发展与自由贸易相比，前者所代表的利益显然重于后者。值得探讨的是，低碳补贴是不是发展低碳经济所必需的措施，也就是说有

---

① 李本 . WTO 环境补贴政策的未来发展及中国的因应之策［J］. 华东师范大学学报：哲学社会科学版，2008（3）：87；赵世良 . 国际贸易中的环境补贴问题研究［D］. 长沙：湖南师范大学，2009：18－19．Minute of the Regular Meeting．G/SCM/M/24［C］. 1—2 November 1999，para24．Minute of the Special Meeting．G/SCM/M/22［C］. 20 December 1999，para16.

② 《补贴与反补贴措施协定（SCM）》第 8 条第 2 款第 3 项.

无替代措施？通过阅读文献，笔者发现，世界各国发展低碳经济的政策激励性措施包括：税收优惠、信贷优惠、金融支持等，并且没有一国只使用一种激励措施。也就是说，各国至少采用税收优惠措施，而税收优惠是一种间接补贴。总之，从广义角度讲，低碳补贴是发展低碳经济所必需的措施。所以，低碳补贴可以援引第 20 条（b）款在 WTO 法律规则下获得正当性。

我国对新能源产业及其开发技术的补贴显然是为了替代旧式的不可再生能源，所以低碳补贴措施的目的之一是保护可用尽的自然资源。而且，低碳补贴措施的功能之一是引导低碳生产和消费，限制高碳生活和消费，构建低碳产业和低碳城市，可见，措施的目的是纯净的，是真实地为了发展低碳经济，而不是歧视进口产品或扭曲国际贸易。因此，低碳补贴可以援引第 20 条（g）款在 WTO 法律规则下获得正当性。

（g）款仅仅强调的是“有关”，而不是“必需”，因此，笔者认为，低碳补贴更易于在第 20 条（g）项下获得正当性。

无论援引第 20 条（b）（g）中的哪一款，都要注意，低碳补贴不能造成对他国的武断的、不合理的歧视，否则会违背第 20 条序言的规定。

新一轮多哈回合谈判（补贴谈判）中，美国对修改 SCM 协定的立场和建议代表大多数发达国家的意愿，有学者认为美国的议题将引领 SCM 协定未来的发展方向①。从本书论述的内容角度，美国提议中值得关注的有两点：一是美国建议将不可诉补贴纳入禁止性补贴的范围；二是明

---

① 林惠玲，卢蓉蓉. WTO 新一轮谈判中美国在补贴与反补贴规则修改上的立场和建议［J］. 国际商务研究，2010（2）：63，64，66.

确间接补贴的定义。尤其是对主体转移型补贴中的关键词更要澄清，如何为“公共机构”，何为“委托或指示”等①。

② 变化补贴方式。在取消争议的补贴不会对产业造成较大影响的前提下，可以取消争议补贴，绕开贸易争端针对的补贴形式，而采用其他补贴方式。如果贸易争端针对的是直接补贴，那么我国可以取消直接补贴，而采用税收优惠、低息贷款等间接补贴方式；如果贸易争端针对的是间接补贴，则我国可将补贴方式转变为直接补贴。就本案而然，一位业内人士表示，即便取消采购补贴，其他如上网电价补贴、直接补贴等方式，也足以绕开美国争执的采购补贴焦点问题，风电依然面临良好的发展机遇②。

在众多补贴方式中，建议采用透明度较差的方式，我国多层级的行政法规可以成为补贴的保护伞。美国等发达国家对中国的反补贴调查中，多关注中央的补贴政策，如中美风电低碳补贴案针对的是我国财政部的补贴法规，而常常忽略了隐蔽在地方行政法规中的补贴措施。因此，我国可以将补贴的具体措施规定在地方法规中，而中央法规只做政策性、原则性规定，不规定补贴措施适用的具体条件。这样，一方面可以使补贴隐蔽性增强；另一方面，一旦被诉诸 WTO，也可以增加对方的举证难度，因为对一国国内法律体系的审查并搜集相关证据并非易事。实践中，很多案件的败诉方不是输在事实，而是输在证据。

③ 质疑美国反补贴新政。据 WTO 最新数据统计，截至 2010 年 10 月，实际适用于中国的反补贴措施达 27 项。

---

① TN/RL/W/78, 19 March 2003.

② 美称中国已同意停止风电补贴［EB/OL］.（2011-06-09）［2011-07-20］. http://news.hexun.com/2011-06-09/130373597.html.

其中，18 项来自美国，8 项来自加拿大，1 项来自澳大利亚①。显然，中美风电低碳补贴案等一系列反补贴案件表明，在低碳时代，中国虽然属于非市场经济国家，但是却成为其他成员方反补贴调查的主要对象。不得不承认，这种现象的导火索是美国商务部的补贴新政。

中美铜版纸反补贴案是美国商务部补贴政策的转折点。美国传统反补贴政策对非市场经济国家不适用反补贴措施，该政策历时 20 多年之久，于 2006 年的中美铜版纸反补贴案发生转变。美国商务部为了解决贸易逆差问题，极力主张改变以往的补贴政策和惯例，主张对非市场经济国家适用反补贴法。在这种政策倾向之下，铜版纸反补贴案成为美国对华征收反补贴税的第一案②，标志着美国的反补贴法开始适用于非市场经济国家，主要是中国。此案之后，中国成为少数发达国家反补贴的主要对象。

但是，美国商务部的补贴新政并非一帆风顺。美国国内对商务部的补贴新政并非一致叫好，反补贴税额的适当性确定至今模糊不清，争议不断。我国可以针对美国补贴新政的不足之处提出质疑，从而应对来自美国的低碳补贴之诉。

美国国内的障碍。改变美国实行 20 多年反补贴的政策并非易事。虽然商务部的主张得到了国会的支持，但是

① WTO. CV initiations：by exporting country from 01/01/95 to 30/06/09［EB/OL］.（2010 - 12 - 31）［2011 - 07 - 22］. http：//www. wto. org/english/tratop_ e/scm_ e/cvd_ init_ exp_ country_ e. pdf. CV measures：by exporting country from 01/01/95 to 30/06/09［EB/OL］.［2011 - 07 - 22］. http：//www. wto. org/english/tratop_ e/scm_ e/cvd_ meas_ exp_ country_ e. pdf.

② 武长海 . 美国首次对华征收反补贴税　中国对外贸易面临新挑战［N/OL］. 法制日报，（2007 - 04 - 08）［2011 - 07 - 20］. http：//news. sohu. com/20070408/n249280597. shtml.

美国国内的一些利益集团对商务部的主张响应并不积极，而利益集团对美国政治决策的影响不容忽视。在接受民意测试的50多个产业中，有8个产业的代表明确反对商务部的决定①。有人质疑，商务部是否有权对中国进口产品征收反补贴税，因为美国国内反补贴法中有关非市场经济国家的规定并未正式修改。商务部仅仅指出，国会曾授权其在WTO谈判中以及在与中国签订双边协定中维护美国的补贴利益，但是始终没有拿出准确的法律依据。因此，商务部对上诉质疑的回答是模糊的。

反补贴税额的适当性。SCM协定第19.3条规定，反补贴税的金额必须是“适当的（appropriate）”。也就是说，如果进口国已经采取其他措施，如征收反倾销税，抵消同一产品对其国内产业的损害，那么，这种抵消要计算在反补贴税额中。根据这个逻辑，反补贴税额的确定要以抵消补贴损害为限度。超过这个限度，则有失公平。

自铜版纸反补贴案之后，美国对华反补贴多与反倾销合并使用，这虽然在打击中国出口方面产生“双剑合璧”的效果，但是却为美国补贴新政确定适当的补贴税额带来障碍。即对同一措施已经征收的反倾销税应否计算在反补贴税额中？

近期的美国对华产品双反案中，中国的立场和观点有力地回答了这个争议。该案中，专家组认为，对非市场经济国家征收反倾销税，不会影响其反补贴税额的适当性。因此，在征收反补贴税时，没有必要考虑反倾销税的问题，只要两种税额之和不超过必要限度即可。中国则不认同此观点，理由是：专家组的做法具有将反倾销和反补贴

---

① Ahn Dukgeun, Lee Jieun. Countervailing duty against China: opening a pandora’s box in the WTO system? [J]. Journal of International Economic Law, 2011, 24 (7): 13.

绝对地割裂（hermetically isolated）之嫌，而事实上二者均是基于 GATT 的贸易救济措施，其目的均是抵消不公平贸易导致的不利影响，因此，在确定反补贴税额的适当性时，应当考虑抵消同一补贴措施所征收的反倾销税额①。上诉机构也认为，从政策角度考虑，反倾销协定与反补贴协定应当平行适用，同一个补贴措施不应当绕过任何一项协定，而是应当将反倾销税和反补贴税累计计算②。上诉机构的观点存在一个法律问题，即反倾销协定中“适当税额”的确定源于肯尼迪反倾销法典，而当时反补贴协定尚未出台。

这个法律困境为双反案件确定适当的反补贴税额遗留了更大的讨论空间，预示着双反问题中适当反补贴税额的确定仍然悬而未决，有关补贴税额适当性的一系列争论在短期内仍会继续。从美国补贴新政产生的历史背景来看，新政产生之前，美国对非市场经济国家主要采用反倾销手段来进行贸易救济，而美国经历经济危机之后，反倾销这种单一的贸易救济措施不足以维持美国在新能源市场中的竞争力，因此其出台反补贴新政，使反补贴与反倾销措施配合使用于非市场经济国家（中国），达到双重贸易救济的效果。那么，美国对反补贴税额的确定更加无法绕过反倾销问题，可谓任重而道远。该局面为我国争取低碳补贴案件的胜诉提供更大的机会。我国应当总结铜版纸补贴案之后美国对双反案件征反补贴税的经验，梳理出专家组和

① WTO Appellate Body Report. United Stated：Definitive anty-dumping and countervailing duties on centain products from China（US：AD/CVD on China）［Z］. WT/DS379/AB/R，adopted on 25 March 2011，para49.

② WTO Appellate Body Report. United Stated：Definitive anty-dumping and countervailing duties on centain products from China（US：AD/CVD on China）［Z］. WT/DS379/AB/R，adopted on 25 March 2011，para 572.

上诉机构在个案中确定反补贴税额适当性的逻辑方法和规律，以便积极应对美国的反补贴新政，维护我国的贸易利益。

第四节

GATT 第 20 条能否扩大适用于 SCM 协定

GATT 第 20 条能否扩大适用于附件 1A 中的其他协议？问题起源于 WTO 如何在 GATT 及 SCM 协定的框架下处理环境补贴问题。

为发展低碳经济，各国必然会推出许多低碳友好型补贴措施，包括直接的和间接的低碳补贴。很多低碳型税收优惠措施和信贷优惠措施会被纳入到补贴的范围之内，如根据产品中碳含量的不同而简化关税、边境税或减少其他贸易限制。这些环境友好型低碳措施构成间接补贴，同时也构成环境补贴。

目前的 WTO 法律规则对如何处理环境补贴问题没有提出新的明确规定，而 WTO 案例中未曾援引过环境补贴作为不可诉补贴的抗辩。很多人认为，不可诉补贴是一条死条款。笔者认为，解决环境补贴目前所处的困境，一条希望之路即援引 GATT 第 20 条一般例外使其获得正当性。这里需要回答两个问题：① 第 20 条规定的一般例外措施，即限制贸易的措施是否包括补贴措施？② 理论上抑或实践中，是否存在第 20 条适用于附件 1A 中的其他协议的论证或案例？如果存在此类情况，则第 20 条具备扩大适用于 SCM 协定的理论根据或实践经验。

第 20 条一般例外的序言规定“……本协定的任何规定不得解释为为阻止任何缔约方采取或实施以下措施……”，如果没有相反解释，短语“本协定的任何规定”

与第 20 条一般例外与 GATT 项下所有义务有关，当然包括 GATT 第 16 条有关补贴的规定。也就是说，第 20 条序言为了防止其例外被滥用，将其限制扩及 GATT 项下所有义务。因此，从逻辑上可以这样理解：当补贴作为一种贸易限制措施而使用时，也要符合第 20 条序言的规定。虽然实践中适用第 20 条一般例外的措施多是直接限制或禁止进口，而少有补贴措施，但是不能因为实际情况很少或没有发生而否定理论上的合理性。而且，这样在逻辑上也说不通，无论是从自然科学还是从社会科学的角度来看，理论的发展通常超前于实践，现在的理论不仅是为了指导当前的实践，更要为未来的人类活动作出预测，这正是理论的价值所在。

从条约解释的有效性角度分析，在法律上，条约的有效解释原则是指，如果一个条约允许有两种以上的解释而其中之一导致条约归于不恰当的结果，则按善意的目的和宗旨之要求应采用使条约有效的解释原则。WTO 上诉机构指出：有效解释原则的一个必然结果是赋予条约的所有条款以意义和效力，解释者不能随意采取导致条约的整个条款或段落多余或无用的理解①。根据条约解释有效原则，不能将第 20 条语言理解为适用于 GATT 项下的所有规定，而将第 20 条的具体例外（（a）款～（j）款）解释成排除补贴措施在外。如果这样理解具体措施，将减损第 20 条序言的涵盖范围。第 20 条具体例外与序言的涵盖范围应当具有一致性，均应当包含补贴措施在内。

从 GATT 与附件 1A 中其他协定的关系角度分析，在货物贸易领域，GATT 是 WTO 法律规则中的一般协定，统

---

① 李琳瑞．一般例外条款（GATT 第 20 条）的解释方法［J］．科技情报开发与经济，2004（4）：81.

领附件1A中其他具体协定。具体协定中的内容通常是根据GATT中的概括性条款制定而成，是对GATT内容的细化，这好比国内法中的法规与其实施细则的关系。GATT中的条款内容通常能辐射到某个具体协定。例如，GATT第20条辐射出具体的SPS协定（《实施卫生与植物卫生措施协定》）。SPS序言明确提出“期望对使用GATT1994关于使用卫生与植物卫生措施的规定，特别是第20条（b）款的详述具体规则”。又如，GATT第20条辐射出TBT协定（《技术性贸易壁垒协定》）第2.2条“……为保护人类健康或安全、保护动物或植物的生命健康及保护环境……”。同样，SCM协定也是与GATT第16条有关补贴规定的具体化。虽然SCM协定没有像TBT协定和SPS协定那样，在序言中明确作出类似声明，但是SCM协定的名称“补贴与反补贴协定”已经表明协定的内容。而且，从SCM协定的具体注释①中可以判断出协定在内容上与GATT第16条是一致的。如果GATT第20条适用于GATT项下的一切义务，从内容上说，可以适用于GATT辐射出的具体协定，包括GATT第16条辐射出的SCM协定。有学者提出，根据所有WTO协定是并存的并且可以同时适用，以及条约的有效解释原则所要求的权利义务的对等性观点和理论，GATT第20条对所有附件1A中的协定适用，

---

① 《补贴与反补贴措施协定（SCM）》脚注1规定：“依照GATT1994第16条……”；脚注13规定：“本协定适用的……措辞与GATT1994第16条第1款使用的意义相同……”。参见：石广生．中国加入世界贸易组织知识读本：二［M］．北京：人民出版社，2001：279，284.

包括 SCM 协定①。

从第 20 条的内容和地位角度分析，第 20 条一般例外中援引最多的是（b）（g）两款例外。在一定意义上，第 20 条已经成为 WTO 法律框架内环境—贸易规则的代名词，很多学者将第 20 条一般例外称为“第 20 条环境例外”。在学界对环境税的合法性的研究中，有学者认为第 20 条从序言到具体条款（（a）（b）（d）（f）（g）（h））均可以作为证明环境税合法性依据②。国内外环境税实践多是对非环境友好型行为的强制征税，如排污费等；但是对环境友好型产品给予税收优惠是实现绿色税收的重要举措③。环保型税收优惠属于一种间接补贴，如果环保型税收优惠能够在 GATT 第 20 条项下获得正当性，SCM 协定中的环境补贴自然可以适用于 GATT 第 20 条，从而 GATT 第 20 条适用于 SCM 协定。

实践中，补贴败诉的案例很多是因为违反了 GATT 第 3 条国民待遇规定；而违反国民待遇的胜诉案例，很多援引了 GATT 第 20 条一般例外而获得正当性。按照这个逻辑，违反国民待遇的补贴措施也可以援引第 20 条获得正当性。由此，可以更大胆地假设，即使没有 GATT 第 3 条这个桥梁，涉及环境补贴案例也可以直接援引 GATT 第 20 条。虽然目前的 WTO 实践中还未有此例，但是我国可以

---

① Marceau Gabrielle, Joel Trachtman. The technical barriers to trade agreement, the sanitary and phytosanitary measures agreement, and the general agreement on tariffs and trade: a map of the world trade organisation law of domestic regulations of goods [J]. Journal of World Trade, 2002, 36 (5): 874-875.

② 曹明德，王慧．从 GATT 第 20 条的解释看环境税的合法性［J］．学习与探索，2010 (5): 132-136.

③ 那力，何志鹏．WTO 与环境保护［M］．长春：吉林人民出版社，2002: 199.

成为第一例。中国发展低碳经济时期，被国外控诉涉及钢铁产业补贴的案例频发，尤其是加拿大、美国的起诉，我国要积极应对这种贸易局面，近期的美国诉中国薄壁矩形钢管低碳补贴案，我国便可以通过援引第20条来抗辩。

美国诉中国薄壁矩形钢管低碳补贴案，中国败诉的原因很多，主要原因之一是中国的国有企业被WTO专家组认定为“公共机构”①，因此国有企业通过私营企业给予涉案公司的生产物资资助、土地使用费优惠、所得税优惠等利益②，被当作一种政府行为，属于变换补贴主体的间接补贴。一直以来，WTO文本和裁判实践对“公共机构”的认定模糊，自由裁量性较大，本案中美国和争端解决机构没有考虑到中国计划型市场经济的现实国情。事实上，我国国有企业补贴一直是中国加入WTO后的一个“小尾巴”，经常被其他成员方抓住，起诉中国补贴。本案中，中方完全可以转换思路，充分利用发展低碳经济的浪潮，援引GATT第20条，从补贴措施的目的出发进行论证，给美国以有力的回击：① 中国的能源利用率极低，耗能型钢管企业的发展离不开政府支持。国有企业给予钢管生产企业的热轧钢是一种直接型低碳补贴。其目的符合第20条的环保宗旨。② 炼高质量的精密钢管的过程消耗大量的电力，向空气中排放大量的碳，对钢管企业补贴与保护可用竭的清洁空气之间存在密切联系。③ 中国的低碳经济政策不仅包括对钢管企业的补贴，还有很多其他措施，如扶植低碳生态园区产业等，这些政策措施在国内是同步

---

① 陆凰腾．论WTO争端解决机构对SCM中“公共机构”认定标准：兼评“美国－对原产自中国某些产品反倾销反补贴案”［J］．商品与质量，2011（1）：71－72.

② 2008年美国对华薄壁矩形钢管反倾销和反补贴案［EB/OL］．（2010－09－02）［2011－07－19］．http：//www. e-to-china. com. cn/smtgflfw/fbt/2010/0902/87474. html.

实施的。④ 中国并没有要求美国实施与中国标准相同的低碳措施，也并不意图限制美国钢铁产业的发展，而是立足于本国国情，认为有必要扶植钢铁企业发展低碳经济才给予补贴。因此，不存在对美国进行武断的、不合理的歧视或对国际贸易的变相限制。

第五章
碳标记与低碳经济

第一节
碳标记的提出

信息是生态经济系统的重要组成要素之一。但是，生态经济系统环境信息的供给存在有限性、非公开性和不对称性的缺陷。比如，污染者对生产过程、生产技术、排污状况、污染物的危害等方面的了解往往比受污染者要多得多，但受个人经济利益的驱使，他们往往会隐瞒这些信息，实施污染行为。相反，受污染者由于所拥有的相关信息少，想“讨回公道”需要付出很大的信息成本。这也许是人们在一定的限度内宁愿“忍声（噪声）吞气（废气）”受污染的原因①。通过信息标注这种简单易行的环境治理方式，不仅可以保障受污染方对环境信息的知情权，而且可以弥补传统的命令控制模式和市场机制的一些缺陷，如管理成本高、管理实效性差、信息市场失灵等。因此，在人类面临气候变化、生态危机和能源危机等一系列环境威胁的背景下，现代环境法制建设中出现一种新趋势，即信息披露、信息管理。近三十年来，各种生态标记、环境标记逐渐进入到公众的视线。

---

① 沈满洪．论环境经济手段［J］．经济研究，1997（10）：56.

早在 1978 年，德国就已经致力于“蓝天使”标记计划，该计划是世界上第一个生态标记体系，近年来佳绩不断，居世界生态标记榜首。1992 年，美国环境保护局发起“能源之星（Energy Star）”标记计划，目的在于为消费者提供各种产品的能源效率信息。此后，为了维护森林和海洋的可持续发展，国际社会出现了 FSC（森林管理委员会）以及 MSC（海洋管理委员会）两种认证标志。这两种认证标志的实施范围和使用范围遍布全球。其中，FSC 在 8 个国家中有合法认证机构，81 个国家存在得到 FSC 认证的森林。目前，FSC 的全球总销售额预计大约 200 亿美元。而 MSC 认证从 2000 年实施起，包括美国及欧洲大部在内，世界上 17 个国家引进了大约 200 个 MSC 认证的渔产品，2008 年，MSC 的销售额接近 10 亿美元①。

在发展低碳经济和环境治理新趋势的双重背景下，近几年，碳标记在生态、环境及能源标记丰富实践的基础上应运而生。低碳经济时代，人类更加关注产品的碳风险，迫切想知道产品的环境效应及健康危害指数。贸易领域需要一种准确地显示商品碳足迹的标志，同时，这也利于打击大量存在的各种各样的所谓“环境友好型产品”对消费者的误导。在没有碳标记的时代，消费者只是笼统地根据商家广告宣传的“环境友好型产品”进行购物选择，却不知其商品的真实碳含量。消费者不了解所谓环保产品的真实环保价值，其环保热情被居心不良的商家利用。商家打着环保旗号，误导消费者，牟取了暴利，又损害了环境。碳标记作为一种信息披露和管理机制，直接对消费者说

---

① O'Neil Stacey R. Consuming for the environment: a proposal for carbon labels in the United States [J]. California Western International Law Journal, 2009, 39 (2): 414 - 426.

话，为消费者了解其所买商品的碳含量提供简单明了的方法，意义在于对传统命令控制模式和市场模式的补充。

英国于 2001 年成立了一个独立公司——Carbon Trust（碳信托），其目的是“通过与组织合作减少碳排放，发展商业低碳技术，来促进低碳经济发展”。Carbon Trust 提出了“碳减排标记（carbon reduction labels）”。标记的目的是鼓励公司计算其碳足迹，以便公司及消费者全面了解产品及服务产生的环境影响①。2007 年 4 月，碳标记公开展示在英国的商品上②。日本、法国紧随其后，鼓励本国公司在商品包装上详细标注产品生命周期每个阶段的碳足迹。美国、瑞典、加拿大、韩国等国家也在国内推广使用碳标记。日本农林水产省 2011 年 4 月开始实施农产品碳标记制度，要求摆放在商店的农产品通过碳标记向消费者显示其生产过程中排放的二氧化碳量③。法国实施了小轿车碳标记计划，使小轿车的排碳量直接影响其销售价格。该计划以 126g CO_2/km的排碳量为界限，低于 126g CO_2/km 的小轿车销售价格较低（出售后可以取回一些货款），高于 126g CO_2/km 的小轿车销售价格较高。法国的计划实施以来，几年内新款小轿车的排碳量从 149g CO_2/km 降低到 133g CO_2/km，成果显著，为德国这种汽车生产大国所效

① Carbon trust，about US [EB/OL]. [2011-05-02]. http://www.carbontrust.co.uk/about.

② Press release，carbon trust，carbon trust launches carbon reduction label [EB/OL].（2007-03-16）[2011-05-07]. http://www.carbontrust.co.uk/News/presscentre/2007/160307 carbon label.htm.

③ 程瑶．碳标签，出口新门槛 [EB/OL].（2011-03-18）[2011-05-07]. http://news.163.com/11/0318/06/6VDJIVE300014AED.html.

仿①。

碳标记作为低碳经济时代的一种碳信息标志，已经在实践领域试行，并且具有迅猛发展的趋势，这种趋势会加速环境治理现代化的实现。有资料显示，一些非生态标记，如营养标记，已经改变了消费者的市场购买行为②。那么，碳标记作为一种新兴的低碳经济措施，其承载的信息内容、内涵，以及如何实现等问题值得探讨。

第二节

碳足迹的确定

碳标记（carbon labelling），也称碳标签，是一种特殊的生态环境标记，其向消费者展示的是产品的碳信息，即通常所说的碳足迹、碳含量。消费者能否通过碳标记获得准确的碳信息，取决于产品碳足迹的确定方法。产品碳足迹的确定，通常采用产品生命周期评价标准。根据该标准，国际贸易品碳足迹，包括产品从出口国生产到进口国消费的整个生命周期的碳排放。而运输中的碳排放，除了与交通工具使用的燃料有关，还与运输的距离有关。因此，国际贸易中产品的碳足迹的确定，在生命周期评价的基础上，还要考虑产品的运输距离。

一、生命周期评价

生命周期评价（life cycle assessment，LCA）是评价从

① Ramon Arratia. Lamentable car carbon labelling in Germany [EB/OL]. (2011-07-09) [2011-05-07]. http://www. interfaceflorcutthefluff. com/lamentable-car-carbon-labelling-in-germany.

② Hogan L, Thorpe. Issues in food miles and carbon Labelling [R]. ABARE research report, December 2009.

原材料获得到生产、使用、报废和处置等整个产品生命期对可能涉及的环境的潜在影响的方法，作为一种环境管理工具已普遍被用于评价建筑材料、包装材料、金属材料、燃料、纺织材料和水环境等的环境特性研究和管理①。根据生命周期评价法，产品的碳足迹包括产品在生产、加工、运输、消费等整个生命周期中的温室气体排放量。根据生命周期评价产品的碳足迹，是一种对产品碳排放的整体性评估方式，人们形象地将其比喻为“从摇篮到坟墓”（cradle-to-grave）或者“从摇篮到市场”（cradle-to-market）的评估方法。

国际贸易中，采用生命周期评价方法确定产品的碳足迹，突出的优点是信息准确、全面，尤其是将国际运输中的碳排放计算在内。运输环节中交通工具燃料的碳排放并不低于产品生产过程中原料的碳排放，在国际贸易商品的整个生命周期中占有很大比重。有资料显示，以航空煤油为燃料的飞机，在飞行过程中会排放出氮氧化物等传统污染物，以及二氧化碳、水蒸气等温室气体。官方统计显示，从 1990 年到 2006 年，欧盟 15 个成员国的国际航线碳排放几乎翻了一番，增加了 102%。而同时期的国际海运碳排放总量则增长了 60%②。因此，有必要将交通工具燃料的碳排放计算在产品碳足迹中，并以标签的方式公之于众，以便能够更加有力地促进国际贸易的碳减排。将产品生命周期作为碳足迹的评价标准，恰恰符合国际运输碳减排的需要。

目前，生命周期评价标准是核算产品碳足迹的基本方

---

①　李晓平，周定国，于艳春．利用生命周期评价法评价农作物秸秆人造板的环境特性［J］．浙江林学院学报，2010（2）：211.

②　航空业碳排放势头迅猛增长［EB/OL］．［2011－05－07］．http：//www.sire.com.cn/news/news.asp?id=158468

法，为碳标记实施国普遍采用。英国根据产品的生命周期，将碳足迹的计算分为五个步骤：① 创建流程图，识别构成特定产品生命周期的所有材料、活动以及过程。② 界定碳足迹分析的边界。③ 收集具体数据。④ 计算碳足迹。碳足迹 = 产品生命周期所有活动耗费的材料、能源以及废物 × 产品排放因素。⑤ 检验：测量碳足迹的不确定性①。日本的碳标记体系也详细标示了产品生命周期中每一个阶段的碳足迹。以薯片为例，从马铃薯的种植、加工、包装、运送到上架，甚至包装回收和垃圾处理过程，每个环节中所产生的二氧化碳都说明清楚，让消费者了解到底哪些商品对环境的影响最严重，并在环保理念的驱动下做出购买低碳产品的选择②。

二、食物里程

食物里程（food miles）指的是消费者与食物原产地之间的距离。食物里程远，表示食物经过漫长的运送过程，则用于食物包装与保存的材料、一路上交通工具所消耗的汽油与随之而生的废气将增加环境的负担。而且对于果蔬和肉类来说，食物里程越高则表示该食品越不新鲜③。简而言之，食物里程是指将食物从生产地运输到销售地所经过的距离。食物里程的概念最早由英国教授 Tim Lang 于 20 世纪 90 年代初提出。低碳经济时代，这个概念一度成

---

① British Standards Inst. Carbon trust & DEFRA，guide to PAS 2050：how to assess the carbon footprint of goods and services [R/OL]. [2011 - 05 - 07]. http：//www. bsi-group. com/upload/Standards%20&%20Publications/Energy/PAS2050%20Guide. pdf

② 黄亦薇. 碳标签、碳足迹：我国国际贸易持续发展的“新门槛”[J]. 现代商贸工业，2011（1）：12.

③ 食物里程. [2011 - 05 - 08]. 百度百科 http：//baike. baidu. com/view/1251757. htm.

为欧美国家消费者选择低碳产品的标准①。比较突出的表现是发生在欧洲和北美的消费者购买当地货行动（“local food” initiatives）②，很多大型超级市场为了迎合消费者的需要，在商品上标注了食物里程。

在交通工具相同的情况下，食物里程越远，产品的碳排放越大。因此，从逻辑上看，国际贸易中产品的碳足迹会受到食物里程的影响。然而，目前的食物里程概念并非十分科学，存在以下缺陷。

1. 食物里程的比较基础有失公平

食物里程只是简单地将运输距离作为衡量碳排放的标准，没有对海、陆、空三种运输方式进行分类比较，其比较的基础有失公平。相同的运输距离，采用空运会比海运的碳排放大很多。而且，有些情况下，运输方式是特定的。例如，很多大体积的货物只能采用海运；很多保鲜性差或急需性强的货物只能采用空运。据统计，空运的排碳量是海运的 177 倍。按照食物里程的标准，从巴西运往欧洲的芒果、从肯尼亚运往欧洲的草莓、从墨西哥运往欧洲的龙须菜会对环境造成极大的损害③。

2. 食物里程对距离的认识过于片面

由于存在食物里程的概念，人们往往认为，国际运输要比国内运输距离远，向空气中排放的温室气体较多。从

---

① 帅传敏，吕婕，陈艳．食物里程和碳标签对世界农产品贸易影响的初探［J］．对外经贸实务，2011（2）：39.

② 媒体对低碳减排的大力宣传，使消费者环保意识与日俱增，为了减少产品跨国运输中的碳排放，欧美的消费者倾向于支持本地农产品，购买当地应季的新鲜水果和蔬菜，即所谓“购买当地货”行动，其中当地农民是该行动的主力。Olga Nartova. Carbon labelling：moral，economic and legal implications［EB/OL］．［2011－05－08］. http：//ictsd. org/i/news/bridges/54294/.

③ Sticky sticker situation：food miles，carbon labelling and development［EB/OL］．［2011－05－08］. http：//ictsd. org/i/news/bioresreview/12095/.

表面上看，这种观点似乎符合一般情况。但实际上，跨越国界的运输不一定比国内运输的食物里程大，或者即使前者的食物里程大于后者，其温室气体排放量也不一定比后者多。例如，日本到中国的直线距离是 2478 千米，中国最南端到最北端的距离约 5500 千米，显然，如果从日本运输水果到中国，其食物里程小于中国境内的南北运输。又如，众所周知，新西兰采用节能环保方法饲养的羔羊肉味鲜美，经常出口至远在 11000 英里以外的英国。但是，并没有资料显示英国饲养羔羊的方法比新西兰更环保，因此，英国当地的羊肉很可能比从新西兰进口的羊肉含有更多的碳足迹。

如果将当前的食物里程作为衡量产品碳足迹的因素之一，消费者很可能倾向于购买当地货，抵制进口产品。这不仅会误导本国消费者，而且会损害出口型国家的经济利益。例如，非洲财政收入的主要部分来自出口贸易，尤其是每年向英美出口新鲜果蔬的收入。如果英美国家的消费者基于食物里程的概念抵制非洲货，那么非洲国家的经济收入和居民的实际生活将受到影响。

总之，食物里程在确定碳足迹方面有很多细节的缺失，需要在更大程度上进一步完善。如对不同运输方式应加以考虑，对距离的衡量要考虑到不同国家、国内和国外的实际距离，切忌笼统、死板。

食物里程由于存在种种不科学之处而不被提倡。正如环保组织 Planet Ark（地球方舟）的碳标记总监 Diane Mann 声称：“确定产品碳足迹的关键环节是确定产品的生命周期，而不是其运输距离的远近。”① 笔者认为，现有的食物里程不应纳入产品碳足迹的确定标准之中。根据现有的食物里程概念，很容易发生购买当地货抵制外来货的现象，有 WTO 所禁止的贸易保护主义之嫌，尤其是对最惠国待遇的违反，这有损碳标记在 WTO 规则中的合法性。

第三节

碳标记的内涵

碳标记是一种展示产品碳信息的标签，但其不仅仅是一个标签，“标签”只是其物理体貌特征，其背后蕴涵着深刻而丰富的环境、经济以及法律内涵。

一、环境保护的内涵

从环境保护的意义上看，碳标记的目的在于通过碳含量信息标注的方式，引导消费者购买低碳产品，从而减少碳排放，以应对气候变化。作为一种现代环境治理的信息方式，碳标记发挥作用的过程可以分解为：政府鼓励开展碳标记计划—企业践行碳标记计划—碳标记进入消费领域—消费偏好影响供需关系—产品的市场竞争力发生变化—低碳环保理念作用于企业的生产方式。碳标记机制的先进之处，在于其运作机制将政府、企业和消费者的环保意识及环保行为紧密联结在一起，用较低的行政成本实现公共环境治理与私人环境保护的有机结合，标志着生态环境标志在低碳时代的新发展，这是碳标记的深刻环境内涵。碳

① Cubby Ben. Carbon labelling comes to the supermarket [EB/OL]. [2011-05-05]. http://www.smh.com.au/environment/conservation/carbon-labelling-comes-to-the-supermarket-20101026-172eg.html.

标记环保功能的实现，需要政府、企业和消费者三方主体的推动，因此其环境内涵充分体现于政府计划、企业实践和消费者反应三个方面。

1. 政府计划

政府是治理公共环境的主体，是碳标记计划的制定者，其碳标记实践具有积极主动性。各国政府所开展的碳标记计划可概括为三类。

（1）支持碳足迹研发机构

目前，从事碳足迹研发的机构、组织或企业多是非盈利性的，政府支持显得尤为重要。基于低碳减排的需要以及推行碳标签体系的良性发展，欧美国家的政府对碳足迹研发机构是积极支持的。

2001 年，在英国政府资助下，Carbon Trust 机构成立，其主要任务是从事低碳技术研究，包括碳足迹测量的研发。预计到 2050 年，Carbon Trust 在新技术商业化方面所开展的工作将有助于每年减少超过 2000 万吨的二氧化碳排放量。目前，Carbon Trust 拥有海上风能、海藻能源和先进的太阳能等全球领先的新能源项目研发。世界资源研究院 WRI（World Resources Institute）总部设在美国，与美国政府具有紧密联系。在美国政府支持与鼓励下，WRI 通过产品生命周期方法测算食物碳足迹，包括食物种植、收割、加工过程中所需所有原料的碳排放，并且将运输、包装销售以及废物处理过程中的碳足迹计算在内。WRI 计算碳足迹的方法在美国纽约产生良好影响，被 70 多家组织应用于其日常生产经营活动中。其中，设立在纽约西村的精品快餐连锁店 Otarian 表现突出，店主 Radhika Oswal 承诺："……将 Otarian 经营成为世界上最具可持续发展意义的饭店，并且这种可持续发展是全方位的，不仅局限于饭店的食物，还包括本店的装修，原料选购等很多方面。”①

可见，政府支持下的碳足迹研发机构对社会产生的环境效应极好。而且，在政府的支持下，碳足迹研发机构逐渐走出国门，碳足迹测算技术可以更好地在全球范围推广。如，英国 Carbon Trust 与环保组织 Planet Ark 合作开发的碳足迹测算项目打入澳大利亚市场，澳大利亚零售商 ALDI 成为第一个参与者。项目中，ALDI 充分体会到科学计算碳足迹的重要性，增强了低碳减排的责任感，为澳大利亚引进碳标记体系起到预热的作用。又如，2011 年 4 月份，我国深圳市标准技术研究院、深圳市计量质量检测研究院与德国国际合作机构联合主办了低碳发展标准培训班，集中培训产品碳足迹的计算方法②，这对发展中国家引进碳标记体系打下良好的技术基础，是未来中国实施碳标记的一个良好开端。

（2）颁布碳标记相关自愿性法规

各国政府除了通过支持研发机构的方式鼓励碳标记实施，还出台各种有关碳足迹测量和碳标记标注的规范，这些法律政策规范虽然多是自愿性的，但是对企业获得碳标记认证起到指引作用，对消费者理解碳足迹起到参考作用。

英国 PAS 2050《商品和服务在生命周期内的温室气体排放评价规范》是世界上首个针对产品和服务的碳排放评价方法规范，确定了当前世界上计算产品碳足迹最权威

---

① Pocknell Laura. Otarian restaurant in New York city uses WRI' s greenhouse gas protocol [EB/OL]. (2010-04-20) [2011-05-09]. http://www.wri.org/stories/2010/04/otarian-restaurant-new-york-city-uses-wris-greenhouse-gas-protocol.

② 温炜鑫. 走进低碳发展标准：“碳足迹” [EB/OL]. (2011-04-20) [2011-05-06]. http://city.sz.net.cn/city/2011-04/20/content_2644719.htm.

的方法。PAS 2050 于 2008 年 10 月正式发布，目前还在不断修订中，朝着精细化、科学化、全面化、透明化的方向发展，如解除评估土地用途改变①的时间限制，通过网站公布信息收集途径以及数据计算方法等。根据 PAS 2050，英国已有 100 个产品开始核算“碳足迹”，并标注碳标志②。据报道，履行了 PAS 2050 要求的企业发现，他们的碳足迹已经减少③。法国政府鼓励零售商对碳足迹进行核算，签发了零售商和贸易企业可持续发展的规定。法国国民议会也于 2010 年 7 月 12 日通过了一项新环保法案，其中第 85 条强调，应通过标记、标签、张贴或任何其他“合适”的方式告知消费者产品及其包装的碳含量，以及这些产品生命周期内对自然资源的消耗和对环境的影响。该法案于 2011 年 7 月 1 日开始试运行，期限至少一年④。瑞典最新的《食品指导方针》通过对碳标记体系的规定，引导人们减少食用黄瓜、西红柿和肉类等温室气体排放较大的食品。瑞典有关专家称，如果方针中的条例得到严格

---

① 土地用途改变主要是指，为了农业发展，国家将林地改造为耕地和畜牧草地。林地减少，碳排放相对增加。目前的 PAS2050 仅对 1990 年之后的土地用途改变进行碳足迹考察，而发达国家在 1990 年之前已经完成了土地用途的改变，1990 之后的土地用途改变多发生于发展中国家。所以有必要在评估作物生长阶段的碳足迹时，全面考虑土地用途改变，解除其时间限制，使发达国家和发展中国家适用统一标准。Paul Brenton，Gareth Edwards-Jones，Michael F Jensen. Can carbon labelling be developed friendly? [EB/OL]. [2011-05-10]. http://www.voxeu.org/index.php?q=node/5468.

② 刘莉. 中国企业如何应对“碳标识之战”[N]. 科技日报，2010-4-14(001).

③ O'Neil Stacey R. Consuming for the environment: a proposal for carbon labels in the United States [J]. California Western International Law Journal, 2009, 392: 425.

④ 熊焰. 碳标签的挑战和机遇 [N]. 21 世纪经济报道，2010-11-09 (023).

遵守，瑞典在食品生产过程中可以减排20%到50%①。

美国加利福尼亚州实施的《2009碳标记法案》旨在推行一种自愿性碳标签体系与标准化碳足迹生命周期评价，并使其适用于加利福尼亚州的产品②。

在亚洲，2008年7月，日本内阁出台了《建设低碳社会行动计划》，鼓励采用生命周期评价方法进行碳足迹测量。在该计划的影响下，日本筹划碳标记计划，并已于2009年春季实施。日本碳标记体系的特点是，仍然采用生命周期方法计算碳足迹，但是更加细化，其对产品生命周期中的碳足迹实施分阶段的测量及标注，以便消费者能够了解产品每个阶段的碳排放，作出最佳的购物选择。为了促进碳标记计划实施，日本对薯片的碳足迹进行了分阶段测算，并公之于众。一包薯片的碳足迹是75克，其中44%来自马铃薯的生长过程；30%来自薯片的生产过程；15%来自薯片的包装；而运输和垃圾处理过程各占9%和2%。在这种详细的碳足迹标注指引下，东京大约30家公司计划将碳标记贴于他们的商品上，积极参与生态产品的市场竞争③。虽然日本的碳标记计划与大多数国家相似，是自愿性的，但是丝毫没有影响企业参与环保型产品竞争的热情。可见，只要设计合理，碳标记没必要实行强制性立法。

---

① 瑞典为食品贴上碳排放标签［EB/OL］.（2009－11－11）［2011－05－10］. http：//www. greenfood. org. cn/Html/2009_ 11_ 11/2_ 1931_ 2009_ 11_ 11_ 14738. html.

② Carbon Labelling Act of 2009，Assem. B. 19，Reg. Sess. （Cal. 2008），§ 44574（a）.

③ Justin McCurry. Japan to launch carbon footprint labelling scheme［EB/OL］.［2011－05－10］. http：//www. guardian. co. uk/environment/2008/aug/20/carbonfootprints. carbonemissions.

（3）开展碳标记宣传教育

各国政府推行碳标记实践，除了颁布法律及对企业提供支持，还注重通过设立试点、出版教科书等各种贴近生活的方式，对消费者进行低碳环保的宣传教育，从而在消费者和企业之间形成一种良性互动，推动碳标记计划稳步实现。英国、澳大利亚、韩国、日本、丹麦等国的宣传教育都比较突出。

英国在碳标记发展中始终具有首创精神，2007 年 4 月，碳标记公开展示在英国的商品上。第一个带有碳标记的产品是沃克的奶酪洋葱薯片，其新式包装出现在大约 250 家大型超市及独立零售商的货架上。一年半之后，英国有 20 家公司的 75 种产品使用了 PAS 2050，作为碳标记的试点①。韩国环境部门于 2009 年 1 月针对十种产品实施碳标记的试点项目，其中包括 LG 电气系列的一款洗衣机、三星康宁精密玻璃中的 LCD 玻璃，以及微波速食大米②。

2010 年 10 月 27 日，澳大利亚正式引进第一个碳标记体系，该体系将海外进口橄榄油的碳足迹作为检测对象。检测结果显示，进口橄榄油与本地橄榄油含有相同的碳足迹，并且食物里程没有增加进口橄榄油的碳足迹。澳大利亚零售商 ALDI 自愿成为该碳标记体系的试点，并将碳标记粘贴在其所销售的所有日常橄榄油产品上，以便消费者购买橄榄油时加深对低碳减排的理解，从而更好地与气候变化作斗争③。

---

① O'Neil Stacey R. Consuming for the environment：a proposal for carbon labels in the United States ［J］. California Western International Law Journal，2009，392：424.

② Korea launches carbon labelling scheme ［EB/OL］. ［2011 - 05 - 10］. http：//www. energyefficiencynews. com/i/790/.

③ Carbon reduction label program ［EB/OL］. ［2011 - 05 - 07］. http：//www. aldi. com. au/au/html/service/carbon_ labelling_ program. htm.

日本政府在实施碳标记计划中，也建立了碳足迹宣传试点，以此加深消费者对碳足迹、碳标记的认识和理解。日本政府对碳足迹、碳标记的宣传和引导颇具魄力。2008年，为进一步提高国民的低碳减排素养，日本政府计划在国内挑选 10 座低碳模范城市，从交通、能源、生活、商务模式等方面优化社会结构。

以上国家注重通过设立产品试点、模范城市等实例方式，进行消灭碳足迹及低碳减排的宣传教育。而丹麦政府则更注重将低碳理念引入学校教育，使学生从小形成一种低碳环保的理念。其中，有关消灭碳足迹，进行温室气体减排的内容，已经于 2008—2009 年间增添到全国的教学大纲中①。

2. 企业实践

碳标记的环境内涵除了靠政府引导计划而得以实现，还需要企业的配合。企业是践行碳标记环境内涵的主体。碳足迹的研发主要集中在政府支持的研发机构中，各国的研发机构对碳足迹测量工作较为认真严谨。而碳足迹的标注，也就是碳标记实际粘贴于产品上，则需要销售型企业的配合。碳标记的企业实践表明，很多销售型企业积极响应政府的碳标记计划，分析其原因，可能是碳标记比其他低碳措施更符合企业的经营理念和经营心理。

首先，碳标记为企业营造一种低成本的轻松心理环境。如果企业申请低碳补贴，需要经过严格的行政程序，时间成本耗费较大。至于碳税，它直接增加企业的税收负担，企业的心理压力较大，存在成本效益的顾虑，其心理

---

① 张天勇．发达国家的低碳经济经验［J/OL］．石油企业杂志：中国石油企业网络版．（2011-03-31）［2011-05-07］．http：//www．cpechina．com/system/2011/03/31/001328836．shtml．

层面对税收的接受度远不如碳标记。尤其是发展中国家的企业，低碳减排技术水平较低，获得碳税优惠需要付出更大的经济成本改进生产方式，因此对碳税、碳关税的畏惧心理较为强烈。而碳标记实施起来更加方便，获得认证的企业只需将碳标记粘贴于产品之上。碳足迹研发主要由专业的非盈利机构进行，并且此类机构得到政府的大力支持，销售型企业无须花费额外成本进行碳足迹研发，只需直接将碳足迹测算成果进行标注，这大大降低了企业的经济压力，符合企业作为经济人的“逐利”心理。

其次，碳标记符合企业争夺消费者的心理。企业文化的核心要素是消费者至上，生活中常有“顾客就是上帝”的说法。获得消费者的青睐是企业的生存手段和竞争法则。碳标记一经提出就引起企业的关注，大多数企业会关心消费者的购物倾向是否真的会受到碳标记的影响。迫于这种心理压力，致力于争夺市场的企业会加快实施碳标记的步伐。尤其是资金充足、实力雄厚的跨国企业，为了保持其海外市场的地位，通常会率先通过碳标记认证，使碳标记成为本企业的环保宣传品牌。

再次，碳标记符合企业提高自身社会形象的心理。政府对碳标记的宣传，一直强调碳标记发挥效用主要取决于消费者的反应，而对企业的态度是非强制性的。这种治理环境的方式和态度，会使企业感觉即使碳标记没有实现预期功效，也不一定完全是企业自身的责任，而是消费者对碳标记“不感冒”。于是，聪明的企业不会坐等消费者的反应，而是在消费倾向确实发生转变之前，将碳标记粘贴于自身商品之上，以树立其低碳环保型企业的良好形象。这样做，不但不会吃亏，反而有可能吸引消费者的眼球，因为，“低碳”“环保”等词已经成为时代的流行语。

总之，在推行碳标记的过程中，研发型企业起到至关重要的作用，销售型企业积极应用研发成果，甚至参与研发过程，为研发企业的工作提供帮助。下面列举一些典型的企业实践代表。

（1）英国的 Carbon Trust

英国一直是实行碳标记的领军国家，其研发型企业 Carbon Trust 的成果显著，得到多数知名销售企业或生产企业的支持，为英国碳标记的发展作出了突出贡献。

Carbon Trust 的主要工作之一是进行碳足迹测算的研发，其研发成果的应用已经突破国界和洲界。2009 年，百事公司成为首家奉行 Carbon Trust 碳足迹测量标准的北美公司。使用 Carbon Trust 的生命周期评价标准，百事公司计算出了纯品康纳鲜榨橙汁的 64 盎司容器生命周期中的碳足迹①。2007 年，中国节能环保投资公司与 Carbon Trust 签订协议，共同研究适合中国企业的碳足迹评估方法②。

Carbon Trust 不但承担碳足迹的测算研发工作，还启动了欧洲第一个碳标记——Carbon Reduction Label。2007 年，Carbon Trust 对众多知名品牌及独立生产线的日常产品进行碳足迹检测及削减。在 Carbon Trust 的帮助下，Kingsmill 面包、泰莱糖果（Tate & Lyle Sugar）、桂格燕麦（Quaker Oats）、迪森（Dyson）、墨西哥水泥（Cemex）、Morphy Richards 以及 Tesco 旗下的品牌已经将 Carbon Reduction Label 粘贴于产品、网站或其他能够被消费者察觉之处。展示 Carbon Reduction Label 的企业表示，愿意在生产或提供服务的过程中减少碳足迹。目前，使用 Carbon

---

① 百事与 Carbon Trust 宣布达成开创性协议，鉴定纯品康纳的碳足迹［EB/OL］.（2009－01－23）［2011－05－09］. http://finance.stockstar.com/JL2009012300000736.shtml.

② 于小迪，董大海，张晓飞. 产品碳足迹及其国内外发展现状［J］. 经济研究导刊，2010（19）：183.

Reduction Label 的所有产品年销售总额达 32 亿英镑①。

（2）大洋洲企业实践

澳大利亚零售商 ALDI 是大洋洲第一个标注碳标记的企业，它积极使用碳足迹研发成果，甚至参与到碳足迹测算的研发中。2010 年，ALDI 通过澳大利亚环保组织 Planet Ark 参与 Carbon Trust 的碳足迹计算工作，其内容主要针对橄榄油。之后，ALDI 将 Carbon Reduction Label 应用于其日常生产的所有橄榄油产品中。

与 ALDI 同期标注碳标记的公司还有新西兰葡萄酒公司。该公司将 Carbon Reduction Label 标注于 MMSB（Mobius Marlborough Sauvignon Blanc）酒类饮料。此后，Dyson Airblade 烘手机也通过了 Carbon Reduction Label 的认证。目前，大洋洲有 19 个国家和地区采用了碳标记，标注碳标记的产品年平均销售额达 45 亿澳元②。

大洋洲的企业通过积极的碳标记标注，便于消费者区分产品的碳足迹，选择碳足迹较少的产品，从而推动企业选择可持续发展模式。实施碳标记的企业，提高了生产过程中的能源效率，提高了企业形象，博得了消费者的信任。因此，大洋洲通过实施碳标记计划，确实减少了人们日常生活中的碳排放。

（3）亚洲企业实践

① 韩国的 LG。韩国 LG 公司在全球电子产品市场中占据龙头地位，其 47LW5500 – ZE 和 47LW550T – ZE CINEMA 3D 彩电是欧洲市场上第一批实施 Carbon Reduction

---

① The Carbon Reduction Label [EB/OL]. [2011 – 05 – 08]. http://www. carbon-label. com/our-news/in-brief/lg-tvs-become-first-europe-display-carbon-reduction-label.

② Australians can how start to track carbon footprints of products [EB/OL]. [2011 – 05 – 08]. http://www. carbon-label. com/our-news/in-brief/australians-can-now-start-track-carbon-footprints-products.

Label 的电视产品。标签中标注了该批彩电从生产、运输、准备、使用到处理等生命周期中每个阶段的碳排放。加注 Carbon Reduction Label 之后，LG 承诺在彩电生产中进一步减少碳排放。公司彩电研发部经理提到："标注碳标记有助于提高本公司在欧洲市场的环境品牌形象。欧洲是世界上最大的彩电市场，因此，为了吸引欧洲市场消费者，公司十分有必要采用最环保的材料和生产工序，制造出世界一流水平的彩电。"①

LG 彩电的实践表明，韩国公司决心在彩电行业实施碳标记、进行碳减排的决心和愿望，同时表明消费者购买彩电时更加喜爱环境友好型彩电，更加看重彩电生产企业的环境责任感。通过对彩电标注 Carbon Reduction Label，不仅可以促进 LG 公司的其他电子产品及非电子产品获得碳标记认证，而且可以对韩国其他与 LG 存在竞争关系的企业产生连锁效应。

② 中国香港的建筑企业。在香港建设可持续发展的低碳经济城市目标的推进中，建筑企业扮演者重要角色。2009 年 10 月，香港的建筑企业积极配合建筑专家的科研活动，参与到香港建筑业委员会主办的碳标记框架计划当中。通过确定建筑产品生命周期的碳足迹，消费者以及售楼处可以根据特定的排放目标选择建筑企业②。

建筑企业与专家联合进行的碳足迹测量，对实现政府的碳标记框架计划，以及香港建筑业可持续发展具有里程

① LG TVs become the first in Europe to display the carbon reduction label [EB/OL]. [2011 - 05 - 08]. http://www. carbon-label. com/our-news/in-brief/lg-tvs-become-first-europe-display-carbon-reduction-labe. l

② Establishing a Hong Kong based carbon labelling framework for construction materials [EB/OL]. [2011 -05 -08]. http://www0. hku. hk/cicid/5_ research/Carbon_ Labelling. pdf.

碑的意义。这次碳足迹测量活动的结果，将大大提高香港在碳标记监管和碳足迹测量及服务方面的能力，推动香港成为我国发展低碳经济的模范城市。

3. 消费者反应

环境治理的信息标志机制，是一种消费引导生产型机制，因此，消费者的反应是碳标记机制发挥功效的核心环节与主要推动力。如果碳标记没有引起消费者的积极反应，或者消费者对碳标记漠不关心，那么政府和企业的努力将付诸东流。但是，实际情况恰恰相反，消费者的反应预示着碳标记的发展趋势是乐观的。

随着气候变化日益成为消费者购物的重要决定因素，低碳产品具有明显的竞争优势。大量出现在商品上以及网络宣传中的碳标记，影响到消费者购物倾向。例如，环保型网络联盟 Red Green and Blue 对碳标记的宣传很具影响力，很多生态环境自然学科和经济法律人文学科学者在该网站发表论文，参与碳标记的探讨。消费者浏览网页时，多数对碳标记的文章给予肯定性回应。各种调查结果显示，碳标记在其实施初始阶段引起了消费者不少关注。英国 Carbon Trust 针对本国消费者购物习惯的近期调查表明，47% 的消费者倾向购买贴有低碳标志的货物；21% 的消费者愿意支付高价购买标注碳标记的产品①。Carbon Reduction Label 引起的消费者反应情况是：63% 的消费者愿意购买采取减排措施的产品或服务；70% 的消费者在环保产品之间进行选择时，希望商家提供更多帮助；大约 60% 的消

---

① LG TVs become the First in Europe to display the carbon reduction label [EB/OL]. [2011 - 05 - 08]. http://www.carbon-label.com/our-news/in-brief/lg-tvs-become-first-europe-display-carbon-reduction-label.

费者意识到了产品或服务中的碳足迹①。在德国“蓝天使”低碳供暖标记（Blue Angel Label）的影响下，66%的消费者表示，愿意支付更高的价格购买环境友好型产品②。英国曼彻斯特大学心理学院著名学者 Geoffrey Beattie，通过一种微机心理学 IAT（Implicit Attitude Test）测试的方式，对英国消费者在2008年8月至2009年5月的消费态度进行抽样评估。评估结果是：大多数消费者通过明示或暗示表达对碳标记的支持，只有12%的消费者态度不明朗③。可见，碳标记确实对消费者产生了影响，并且支持碳标记的消费者几乎占半数。

有人质疑碳标记，认为消费者没有足够的专业知识，对标记上的碳信息不能准确理解④，正如消费者对营养标记上的卡路里、脂肪以及维生素含量感到头疼一样。实际上，碳标记上的信息通常是简单明了的，而且仅限于“碳”信息，普通的消费者完全可以读懂（见图5-1～图5-3）。

---

① Paul Bennett. Carbon labelling technical bulletin [EB/OL]. [2011-05-07]. http://bssec.co.uk/media/case_studies/Carbon%20Labelling%20Technical%20Bulletin.pdf.

② Der Blaue Engel. Success stories of the blue angel [EB/OL]. [2011-05-08]. http://www.blauer-engel.de/en/blauer engel/balance/success stories.php.

③ Geoffrey Beattie, Laura Sale. Explicit and implicit attitudes to low and high carbon footprint products [J]. International Journal of Environmental, Cultural, Economic & Social Sustainability, 2009 (5): 191-206.

④ Paul Upham, Leonie Dendler, Mercedes Bleda. Carbon labelling of grocery products: public perceptions and potential emissions reductions [J]. Journal of Cleaner Production, 2011 (19): 352.

图 5-1

图 5-2

图 5-3

可见，信息的简洁明了成为碳标记吸引公众眼球的一大优点。例如，在美国，简单的能源之星标记（Energy Star），要比复杂的营养标记更受消费者欢迎①。消费者根据 Energy Star 上标注的能源效率可推知产品的碳排放水平。因为能源效率越高，碳排放越少，这是普通消费者所能知晓的常识。

就目前的研究资料和调查数据来看，还没有发生消费者对碳标记混淆的情况。未来，随着碳标记功效的不断升级，其上的碳信息可能会逐渐复杂化，但是消费者的环保

① 美国农业部下属的经济研究局研究表明，1995—1996 年间以及 2005—2006 年间，营养标记由于其信息的复杂性，使用率下降了 3%。Todd Jessica E，Variyam Jayachandran N. The decline in consumer use of food nutrition labels，1995—2006［J］. Food，Nutrition & Science，2008（9）：iii.

意识和对碳信息的理解水平也会随时间提高。即使消费者的理解水平滞后于碳标记的发展水平，也可以使用不同类型的标志，在消费者理解程度与产品碳信息量标注之间寻求平衡，还可以在销售点向消费者分发材料，向消费者讲解碳信息的含义，从而避免发生消费者混淆的情况。总之，对于一种有用的工具，不能因为对其不熟悉而否定其用途。同时，碳标记上的碳信息无须完美精细，信息提供与消费者对信息的现实需求相当即可。碳标记的目的在于告知消费者信息，从而影响其购买判断，而不是要求消费者参与碳足迹测量，消费者毕竟不是科学专家。碳标记出现在商品上的第一个任务，是对消费者产生视觉冲击①，至于消费者对碳信息的理解程度，随着时间推移、技术进步和宣传方式多样化等辅助手段必然会逐步提高。

从理论和逻辑上讲，或者从碳标记机制的愿望角度看，消费者基于自身的价值观和价值判断，如对人权的崇尚、对环保的关切、对动物福利的关心等，能够理解信息的潜在含义，从而自觉地购买、消费资源节约、环境友好型产品。但是，仍然有人保守地认为，碳标记仅处于初级阶段，现在对其实效下结论还为时尚早，很难说碳标记是否能够改变绝对多数人的消费习惯。一个极端的例子——购买当地货的行动，虽然缺乏一定的科学性，并有些过激，有待校正，但至少证明了碳标记对消费者的潜在影响力是巨大的。可以说，碳标记初期试行阶段已经达到预期的效果，碳标记具有潜在影响力，在未来发展中，能够影

---

① Geoffrey Beattie 教授在其心理测试报告中指出，“支持碳标记的消费者回答问题时的语气以及肢体语言等细节，表明其没有花费更多时间仔细阅读碳标记上的碳信息含义”。因此，碳标记摆放在足够吸引消费者眼球的位置比提供更多的碳信息更具吸引力。Geoffrey Beattie. Information of carbon labelling and consumer response［R］. University of Manchester，Sustainable Consumption Institute，October 2009.

响生产者的生产方式以及消费者的购物方式，其深刻的环境内涵毋庸置疑。

二、经济内涵

对“低碳经济”一词进行语义分析，低碳经济，即引导经济发展模式从“高碳”转向“低碳”，从高耗能、粗放型模式转向节能、节约模式。其目的在于促进经济更好地发展，而不是阻碍经济发展。碳标记作为一种新兴的低碳经济措施，不仅具有“低碳减排”的环境功能，而且具有提高经济活动的能源效率、节省企业成本、增强企业的市场竞争力等经济功能。在低碳时代，实施碳标记可以产生为企业创收的现实经济利益。鼓励、提倡和促进“低碳型”经济在国内、国际层面的发展，使全球经济向着环保、节能、减排、绿色方向良性“发展”，是碳标记深刻的经济内涵。由于发展中国家与发达国家的经济差距，碳标记在实现其经济内涵时需要将发展中国家的经济利益作为一项特殊的考虑因素。如果发展中国家的经济利益过于受损，会影响碳标记对全球经济的整体效应。

基于这种理解，笔者从企业微观角度、国际贸易中观角度以及发展中国家的经济利益角度具体分析碳标记的经济内涵。

1. 碳标记对企业的低碳效应

碳标记能够推动企业向低碳转变经营模式，并直接或间接为企业创收。实施碳标记的企业可以享受到以下好处。

① 扩大客户群。实施碳标记的企业可以吸引环保型消费者的目光，此类消费者是个不小的客户群，而且，这个客户群的人员会逐渐增加。英国首家标注碳标记的食品企业——沃克薯片（Walkers' crisps），在 2007 年 7 月试行

碳标记之初只吸引了17%的消费者，但是几个月之后，被吸引的消费者数量几乎翻了一番，达到32%[①]。这个数量在之后的年份有增无减。

② 节省成本。通过标注碳标记，企业的环保意识和减排技术会迅速提高，生产过程中的原料使用以及后续的碳排放会减少，从而为企业节省生产成本。美国能源之星计划在2007年度大概为企业、组织、消费者节省了160亿美元的成本[②]。英国碳标记计划中，包含了对从事食品经营的小型微利企业的帮助与扶持，小型的食品生产商、加工商等在适用生命周期测算方法的过程中，得到英国标准化组织（BSI）的技术指导，无须支付费用购买碳足迹测量技术[③]。

③ 品牌效应。英国的沃克薯片（Walkers' crisps）通过标注碳标记，日销售量达10000袋[④]。英国人几乎将沃克看作碳标记的代名词。沃克薯片生产企业是践行碳标记品牌效应的成功代表，尝到了经济回馈的甜头。品牌效应维护了企业的名誉、社会形象及其产品的市场地位。

④ 市场竞争力增强。通过标注碳标记，企业的市场竞争力会有一定程度的提高，至少不会在“环保”“低碳减排”等社会价值要求方面输给竞争对手。

---

① Kathryn Senior（phD）. The impact of carbon labelling [EB/OL]. [2011-05-05]. http://www.carboncounted.co.uk/impact-carbon-labelling.html.

② U. S. Environmental Protection Agency. EPA Energy Star partners significantly reduce greenhouse gas emissions [EB/OL].（2008-04-01）[2011-05-06]. http://www.epa.gov.

③ Labelling for Sustainability [EB/OL]. [2011-05-07]. http://www.sustainweb.org/labelling/.

④ Lindsey Partos. Walkers crisps cut carbon footprint to retain carbon label [EB/OL]. [2011-05-09]. http://www.bakeryandsnacks.com/Markets/Walkers-crisps-cut-carbon-footprint-to-retain-carbon-label.

⑤ 风险管理水平提高。企业通过标注碳标记，对碳排放的风险意识会大大提高，会主动分析碳排放对其经营存在的潜在风险，并采取措施进行风险管理。首先，企业会调查消费者对碳标记的反应，如沃克薯片在其标注碳标记之后三个月就进行了市场调查。然后，企业会对消费者的反应作出统计，如果存在着碳排放的潜在风险，则会及时与专家或相关机构协商，探讨风险规避策略。最后，企业会按照科学的方法分散碳排放风险，进行低碳生产。上述三个步骤构成了企业良好的碳排放预警机制，为企业应对国家未来有可能出台的严格减排标准起到未雨绸缪的作用。

2. 碳标记对国际贸易的低碳效应

国际贸易的种类多样化，承载着产品碳足迹的碳标记对国际货物贸易、运输以及技术贸易均会产生低碳效应，并通过货物、运输及技术的低碳贸易，使国际经济绿色化。

(1) 货物贸易效应

① 产品出口结构。随着各国环境保护标准的提升，国际贸易品的出口结构逐渐发生变化，低碳产品更具市场竞争力，高碳产品的竞争力则相对下降。例如，土耳其、巴西、中国、印度等发展中国家的产品因不符合欧盟的环境标准而被拒之门外，但是，经过生产模式的低碳改进，被拒绝的产品最终进入欧盟市场①。低碳减排的宣传和推广，使越来越多的消费者倾向于购买绿色环保型产品。碳标记出现于商品上之前，消费者苦于无从获得产品的碳信息。碳标记一经推出，便大受消费者欢迎。通过向消费者

① 邓立. WTO 法律规则下的环境标识问题研究［D］. 济南：山东大学，2006：8－9.

提供产品碳信息，切实地改变了消费者的消费习惯和购物选择。新的消费倾向的形成，是在国家政策之外另一个影响出口结构的因素。消费者对碳标记的关注会加大低碳产品的出口，抑制高碳产品的出口，加速了出口产品结构由高碳型向低碳型转变。

出口产品中，首先受到消费倾向影响的是食品。食品这种直接关乎人类健康安全的产品，从生产到消费的过程排放了大量的温室气体：动物饲养或农作物耕作的过程会排放出甲烷（沼气）；松土（强化土壤肥力）的过程会排放出氮氧化物；而使用化肥、杀虫剂，制造、加工、包装食品的过程会排放二氧化碳；食品从生产者运往消费者的过程也会产生二氧化碳。欧盟对食品安全实施严格标准。碳标记推行之后，英国、法国及瑞典的消费者对进口的食品已经形成一种“绿色标准”①。

② 产品生产供应链（supply chain）。由于碳足迹测量采用生命周期评价方法，因此国际贸易产品生命周期中的生产、加工、包装、运输以及最终废物处理的各个环节的碳排放，均计算在产品的碳足迹中。大多数出口企业已经意识到，与其斤斤计较经济成本，不如尽力降低环境成本。加之碳标记市场信息的影响，国际贸易中逐渐形成一种可持续发展的低碳生产供应链。

可持续发展国际研究所（International Institute for Sustainable Development，IISD）2011 年 7 月对铜产品供应链的报道指出，市场信息确实为铜产品生产供应链增添了可持续发展因素。世界铜产品生产供应链的简化结构为：原

---

① Zaina Gadema. Putting a label on it [EB/OL]. [2011-05-08]. http://www.europeansupplychainmanagement.co.uk/article-page.php?contentid=10448&issueid=325.

料提供国（非洲国家等）—铜产品生产国（中国）—铜产品消费国（发达国家，如欧盟）①。欧盟历来倡导低碳环保，关注人类和动物福利，欧盟要求中国提供的铜产品要符合环境安全和人类健康的标准。中国为了保持向欧盟出口铜产品的持续性，在生产中加强了回收环节的处理和监管，目前正在进行技术改进。由于碳足迹的计算是基于铜产品整个生命周期的，因此，原料供应国（非洲）向中国出口原料过程中要特别注意减少碳足迹，尤其是铜副产品（可回收利用再加工）对环境的污染。

通过对铜产品生产供应链的分析，可知产品供应链受到产品消费终端信息的影响会发生从后到前逐级的连锁反应。设计良好的碳标记计划，能够促进生产供应链上的各个企业积极减排，那么，国际贸易中，产品整个生产供应链则会逐级趋向低碳化。

从长期来看，产品生产链的低碳化意味着生产链中各个国家的低碳技术的发展，能源效率的提高，生产成本的降低，社会福祉的增加，就业机会的增多。因此，碳标记信息对国际产品生产链的效应又一次将低碳环保与经济发展相结合，是一种长远的、科学的、可持续性的发展。

2. 货物运输效应

根据生命周期评价方法，碳标记上的碳足迹包括运输环节的碳排放。事实上，国际运输中的碳排放在产品贸易中占有很大比重。据统计，空运是碳排放最高的一种运输方式，其温室气体排放量大约是用大型卡车陆运的三倍。与货车陆运相比，船舶海运则具有能源效率的优势，而被

---

① IISD. Sustainable development and the global copper supply chain [R/OL]. International research team report. [2011－05－07]. http://www.iisd.org/pdf/2011/sus_dev_chinese_copper.pdf.

大多数农产品贸易所选择。很多情况下，国际海运要比国内陆运更加节能环保①。碳标记对运输贸易具有以下影响。

① 改变运输方式和习惯。通过碳标记的推行，可以改变货物运输习惯和方式。产品通过运输进行出口贸易的目的是获利，如果进口国的消费者抵制排碳量大的产品，那么出口产品在进口国内的市场地位必将被动摇。因此，出口企业在选择运输工具时，不会再单纯考虑运输的距离、费用等表面运费成本，还会将运输中的环境成本作为考虑因素，加以比较。按照现在的发展趋势，空运除了承载急需性、易腐性产品之外，其运输地位有可能被海运取代。

货物运输方式的转变，有利于人们形成新的低碳环保运输理念。一旦碳标记、碳足迹等新理念深入人心，其影响力将不再局限于购物，会影响到人们生活的各方面，包括交通习惯（乘公交上下班）、接受教育、娱乐、享受服务、购物及旅游。旅游运输中的碳排放量也是非常大的。例如，从英国乘飞机到澳大利亚旅游，如果是双飞，其排碳量最高可达 8 吨②。一个环保者外出，如果距离较近，他会选择徒步、自行车或公共交通等方式，而避免驾驶私家车；如果距离很远，他可能尽量避免乘飞机，而改乘车船；如果外出的目的不是处理紧急事务，他可能会拖延外出时间或选择放弃外出。人类交通方式的改变，会影响旅游业的发展方向。为了吸引游客，旅游产业需要形成一种低碳环保的文化。国际旅游业市场也面临着低碳化改革。

有人建议，旅游服务机构应提供多样化的旅游模式，

---

① Olga Nartova. Carbon labelling：moral，economic and legal implications [EB/OL]. [2011-05-10]. http：//ictsd. org/i/news/bridges/54294/.

② Stephen Kinsella. Carbon labelling of holiday travel [EB/OL]. [2011-05-11]. http：//www. kinsella-consulting-engineers. co. uk/transport/carbonlabel. html.

如，商务旅游、团体旅游或个人休闲旅游①。这种建议具有合理性，例如，旅行社可以安排处理紧急事务的商务游客选择快捷方式，并承担环境成本（碳足迹）费用。如果是休闲旅游，则可建议顾客选择速度较慢、环保程度高的交通工具。交通工具相同的情况下，团体旅游的费用可能高于个人旅游，因为人数越多，碳足迹越大。根据不同的旅游方式，使用不同的交通工具，可以使环境成本在游客中公平分担，同时提高了环保效率。

随着货物运输、旅游运输等运输习惯、方式以及理念的低碳化，整个运输贸易的未来必然走上一条低碳化之路。

② 改变运输工具的燃料。运输工具之所以具有较大的碳足迹，根本原因在于其使用的燃料燃烧时释放出大量的温室气体。近几年，一些国家倡导制造和销售节能汽车，使用电池代替汽车燃料，但是消费者并没有对节能充电汽车产生热切盼望的心理，原因可能是缺乏一种吸引消费者眼球的机制。但试想，如果将汽车燃料的碳足迹以碳标记的方式标注于车身，消费者是否会如同盼望绿色食品那样盼望节能汽车的出现呢？答案应当是肯定的。因此，碳标记能够促进运输工具燃料的改变，扩大碳足迹少的燃料（主要是一些可再生的清洁能源）在运输市场的使用率。如，我国在 2009 北京国际客车展中展出新研发的 KLQ6129GQH2 燃料电池客车，成为车展中的亮点。该车电池发电时，连续不断地向电池内送入氢燃料和氧化剂，

---

① Carbon Labelling and Restructuring Travel System：Involving travel agencies in climate change mitigation [EB/OL]. [2011-05-11]. http：//www. climalptour. eu/content/? q=node/69.

排放物仅为纯净水，是一种真正实现零排放的交通工具①。该车投入使用后，如果标注“碳足迹为0”，一定可以吸引众多游客，在运输服务市场会具有强大的竞争力。同时，该车的成功研制，将增加我国的出口贸易利益。因为，不但该种车可以作为汽车产品进行出口贸易，其燃料的研发技术也可以作为一项技术产品而出口，获得高额利润。

一旦运输工具更换使用了清洁能源，改变了燃料，则更需要以碳标记的形式告知消费者，使消费者在第一时间获知运输行业的碳信息。2007 年 11 月，英国、波兰、德国、荷兰、马耳他五国以及另外一些国家政府、企业和公益性组织发起一项“聪明运输方式计划”（Smart Way Transport Program），该计划的目标是研制出运输部门燃料碳足迹的标注方法，促进运输方式朝着节能减排方向发展。计划内容丰富，包括技术支持和资金支持、海运部门和空运部门的合作、3 年之内提高燃料的能源效率等②。

运输燃料的低碳化有利于更长久地应对气候变化，同时可以摆脱运输业长期以来对石油资源的依赖。

③ 技术贸易效应

当生命周期评价等方法被普遍认可时，碳足迹测量技术便具备推广的现实需求。这种普遍需求使碳足迹测量技术商品化、市场化。握在少数发达国家手里的碳足迹测量技术不仅会在国内商品化、市场化，而且会跨出国门，出口至他国，成为国际贸易中的一种新兴技术产品。于是，

① 节能环保：海格成清洁燃料 客车制造领航者［EB/OL］.［2011－05－10］. http：//auto. sohu. com/20090305/n262623158. shtml.

② Bill Wason，Elke van Thuijl. Low carbon shipping，transport & market incentive programs［R/OL］. USEPA.［2011—05—20］. http：//www. iee-library. eu/images/all_ ieelibrary_ docs/ml142%20cl. pdf.

碳标记促使碳足迹测量技术的国际贸易化，为研发企业创收。根据税收的居民管辖权，碳标记间接增加了技术出口企业母国的企业所得税收入。这是碳标记对技术贸易的经济效应。在碳标记的推动下，碳足迹测量技术作为节能减排的基础技术，可能成为国际技术市场的新兴品牌，加速整个技术市场的绿色化进程，这是碳标记对技术贸易的低碳效应。

碳足迹测量技术的商品化、市场化、国际贸易化，会促使该技术的研发水平不断提升。技术一旦参与国际市场交易，便会受到他国政策的影响。以美、日、韩汽车减排为例。美国是第一个通过严格汽车排放标准的国家，但是，大部分获准美国排放标准的交通工具却来自美国以外的国家，如韩国。韩国的汽车制造商为了巩固在美、日等国汽车市场的地位，早于美、日本土企业，首先在其汽车生产过程中使用先进的减排技术①。可见，美、日的减排标准政策促使韩国减排技术的研发和推广。与此类似，欧洲的减排政策影响到北美和澳大利亚的技术传播及更新。例如，北美的百事公司、澳大利亚的橄榄油零售商 ALDI 均奉行 Carbon Trust 碳足迹测量标准。

技术水平是一国减排政策实施的基础，技术水平的提升，会推动减排政策的落实。在上段中提及的美、日、韩汽车减排的例子中，韩国政府在汽车制造企业践行先进减排技术后，才在全国范围内落实有关减排技术使用的法律规范。与此类似，澳大利亚企业 ALDI 采用先进的碳足迹测量技术，立即对澳大利亚政府的碳标记政策产生影响，同年，澳大利亚政府便以 ALDI 为试点，践行首个碳标记

---

① Lanjouw Jean O, Mody Ashoka. Innovation and the international diffusion of environmentally responsive technology [J]. Research Policy, 1996 (25): 549 - 571.

计划。

3. 碳标记对发展中国家的经济影响

（1）产品竞争力

有学者研究表明，实施碳标记不会降低发展中国家传统优势产业的竞争力。以玫瑰种植为例，肯尼亚使用的是热能，而发达国家荷兰则使用的是化石燃料。前者不会引起全球变暖，而后者则是二氧化碳的主要排放者。因此，如果实施碳标记，肯尼亚的玫瑰更具竞争力①。又如食品方面，许多处于热带地区的发展中国家生产咖啡、可可豆、茶、水果以及坚果，这些食品均采摘于树木，其生长过程属于林地种植，具有森林碳汇②的优势。按照生命周期评估，上述热带食品生长过程在碳足迹测量方面更具竞争力。

（2）技术成本

碳足迹测量体系是复杂、昂贵的，发展中国家的经济水平通常不足以支付该技术成本。从这个角度来说，碳标记对于发展中国家是一种技术上的负担。解决碳足迹测量技术成本问题需要以保证测量质量为前提。在国际市场激

---

① Edwards-Jones G, Plassmann K, York E H, et al. Vulnerability of exporting nations to the development of a carbon label in the United Kingdom [J]. Environmental Science and Policy, 2009, 12 (4): 481-482.

② 森林碳汇（Forest Carbon Sinks）是指森林植物吸收大气中的二氧化碳并将其固定在植被或土壤中，从而减少该气体在大气中的浓度。通俗地说，主要是指森林吸收并储存二氧化碳的多少，或者说是森林吸收并储存二氧化碳的能力。树木通过光合作用吸收大气中大量的二氧化碳，减缓温室效应。有资料表明，森林面积虽然只占陆地总面积的1/3，但森林植被区的碳储量几乎占到了陆地碳库总量的一半。扩大森林覆盖面积是未来30~50年经济可行、成本较低的重要减缓全球气候变暖的措施。许多国家和国际组织都在积极利用森林碳汇应对气候变化。森林碳汇［EB/OL］.［2011-05-15］. 百度百科 http://www.hudong.com/wiki/%E6%A3%AE%E6%9E%97%E7%A2%B3%E6%B1%87.

烈的碳竞争中，如果发展中国家的出口商支付了的过高的环境成本或技术成本，而没有得到任何补偿，根据成本效益关系，其有可能被迫退出国际市场，承受出口经营惨败的后果。尤其是亚洲最不发达国家（LDCs），如柬埔寨、老挝、缅甸等国，其主要的任务仍然是减少贫困，发展经济①，因此，更不可能预支高额费用进行碳足迹研发。

技术质量与技术成本之间能否寻求一种平衡，取决于技术所有国的政治意愿，以及技术研发企业的经济利益。通常情况下，一国不会情愿给予他国无偿的技术援助。而且，如果为了降低成本而放宽对碳足迹测量方法的质量要求，则会造成的扭曲贸易后果。如，上文中提到的，采取简单的食物里程概念，产生一系列不公平的贸易后果，反而影响发展中国家的经济利益。

③ 出口利益

实施碳标记，或许会对发展中国家的高碳出口产品产生冲击。但是，碳标记会促进清洁能源、生物燃料的出口贸易，而这些能源在发展中国家更为丰富。因此，碳标记的实施为发展中国家的能源出口创造了新的机会。

有学者研究表明，环境标记及社会认证制度会为所有国家的农产品提供出口机会②。发展中国家的农业现代化水平不如发达国家，其农业生产较少使用拖拉机以及或采用化石燃料的其他设备。目前，发展中国家的农业生产仍然属于劳动密集型，耗能型设备的使用率远远低于发达国

---

① Ana Santillana. Should ASEAN countries embrace carbon labelling as a means to reduce emissions? ［EB/OL］. ［2011 - 05 - 12］. http：//www. oecd. org/dataoecd/44/15/48240869. pdf.

② Tina Beuchelt. Carbon labels：pitfalls for developing countries? ［EB/OL］. ［2011 - 05 - 11］. http：//www. rural21. com/uploads/media/rural_ 2011_ 2_ 39 - 41_ 01. pdf.

家。可见，发展中国家农业生产的碳足迹明显少于发达国家，因此，其农产品出口贸易会受到碳标记的鼓励，而不是冲击。

农产品贸易在发展中国家的出口贸易中占很大比重，如果农产品出口利益增加，则会弥补发展中国家高碳产品出口利益的损失，从而使国家整体出口利益趋于平衡。至于未来碳标记对发展中国家出口利益的实际影响，取决于发展中国家能源效率、生产模式、技术水平等很多现实因素，是一个暂无定论的问题。就目前的简单分析，碳标记对发展中国家的产品出口影响不大。

综上，碳标记对发展中国家产品竞争力以及出口利益的影响，是一个未有定论的问题，需要通过碳标记更长时间的发展而探其究竟。但是，可以肯定的是，碳足迹测量技术确是发展中国家实施碳标记的一个困境。

三、法律内涵

作为一种碳信息标志，碳标记具有向消费者提供产品碳信息的功能，消费者通过碳标记获得碳信息的过程是实现其环境信息知情权的过程；同时，与其他低碳经济措施类似，国际贸易领域中碳标记的合法性必然受到 WTO 规则的审视。因此，从法律角度分析碳标记的内涵，主要包括保护公众的环境知情权以及 WTO 规则。此外，对关于碳标记立法的讨论也作一简述。

1. 消费者的环境知情权

保护环境与保护消费者均属捍卫人权，环境权与消费者的权利均涉及人类生命、自由以及幸福等至关重要的基本人权要素。消费者的环境权利是一个上位概念，而消费者的环境知情权是其子概念，是消费者环境权利的一个重要方面。

消费者的环境权利，包括消费者的环境知情权，可追溯到20世纪60年代。首先，美国在1962年肯尼迪总统发表的有关消费者权利的著名演讲之后，颁布了《1969年国民环境政策法案》。欧共体紧随其后，在1972年巴黎会议上首次通过了保护环境与消费者的决议，并确定为宪法性权利。自1970年之后，西班牙、葡萄牙、瑞士、巴西等①大多数国家的宪法及其修正案均包含了对个体环境权的保护，或将其确定为国家的责任②。同时，国际社会出现了保护消费者环境知情权的法律文件。如1972年斯德哥尔摩《人类环境宣言》；1982年联合国大会通过的《世界自然宪章》；1989年国际劳工组织通过的《关于独立国家土著和部落民族的公约》等。1998年签订《在环境事务中获得信息、公众参与决策和诉诸法律的公约》(The Convention on Access to Environmental Information and Public Participation in Environmental Decision-making，因为在丹麦奥胡斯签订而被称作《奥胡斯公约》）是目前最完整的保护消费者环境知情权的公约③。

消费者的环境知情权是其环境权利中的一种主要权利，即消费者获得环境信息的权利。环境信息通常包括空气、水、土壤、危险物质、能源等环境要素的变化情况，以及公布该情况的媒介，包括科学研究报告、政府政策、措施及法律文件等。低碳经济时代，碳标记是一种向消费者提供产品温室气体排放信息的措施。温室气体排放直接

---

① Kye Cecelia. Environmental law and the consumer in the European Union [J]. Journal of Environmental Law, 1995, 7 (1): 33.

② Kiss Alexandra, Shelton Dinah. Manual of European environmental law [M]. Cambridge: Grotius Publications, 1993: 14.

③ 蔡静. 公众获得环境信息权利的国际法研究 [D]. 北京：中国政法大学，2006：1.

关系到人类赖以生存的大气环境，因此碳标记中的碳信息属于一种重要的环境信息，碳标记也因此成为向消费者提供碳信息的直接媒介，是低碳经济时代保护消费者环境知情权的有利工具。而且，碳标记本身就是一种环境信息。

消费者的环境知情权具有保护环境与保护消费者的双重功能，是环境权与消费者权利的结合。消费者的环境知情权可以通过告知消费者环境信息，形成消费者对环境保护的监督机制；同时有利于促进环境保护，为消费者提供健康的生存环境。保护环境与保护消费者具有相互依赖、相互促进、唇亡齿寒的紧密联系。也就是说，通过告知消费者相关的环境信息是可以使环境受益的。例如，建立一种信息机制，向消费者提供最新的有关产品的信息，尤其是关乎消费者健康安全的产品信息，那么，消费者一定会对其关注，并依据信息进行购物选择。这种机制即使不能直接地也会间接地产生环境警示的作用。而碳标记是低碳经济时代保护消费者环境知情权的直接工具。

2. 碳标记与 WTO 规则

碳标记确定产品的碳足迹是为了向消费者提供产品的碳信息，起到信息宣告的作用，其直接作用于消费者，间接影响生产和销售企业。碳标记这种自愿性机制较之碳关税与补贴更容易获得 WTO 的合法性。

有关碳标记的技术性法规会受到 GATT 第 3.4 条和 TBT 协定的审视，但是二者的管辖范围均是针对国内强制性法规。碳标记作为环境治理的第三代机制——信息标志，多是自愿性的而非强制性的，不实施碳标记的国家仍然可以向实施碳标记的国家出口产品。而且，碳标记只是为消费者提供产品的碳信息，便于消费者进行购买选择。即使发生“购买当地货”现象，产生了出口减少的经济影响，规范碳标记的法律也会对所有产品给予相同待遇，不论其原产自何处。而且，消费者的消费观念会向科学的碳足迹方向扭转，购买当地货的行动只是碳标记发展初期的一个小问题，其实效性还需在更长的时间内接受市场的检验。碳标记“自愿性”的特征，使其可以在TBT协定和GATT第3.4条项下获得正当性。即使日后出现强制性碳标记立法，也可以援引GATT第20条获得正当性，如同低碳补贴及碳关税获得WTO正当性的策略。

总之，就碳标记的目前状况来说，其可以从WTO规则中找到合法性根据。与其说碳标记是对WTO规则的一种挑战，不如说是激活WTO法中环境因素的新动力，并且在一定程度上为WTO规则协调贸易与环境的关系提供一种新的视角和路径。

综上，碳标记对低碳经济的发展具有重要意义，并且具有较小的合法性质疑，是一种新兴的并极具发展潜力的现代环境治理方式。碳标记的有效实现，必然对低碳时代的全球环境治理起到推动作用。

3. 有关碳标记立法的探讨

目前，有关碳标记立法的探讨集中在两个问题上：一是碳标记是否需要通过强制性立法；二是碳标记是否进行全球统一立法。

（1）碳标记的强制性立法

有学者认为，碳标记具有引导绿色消费的强大魅力，而目前消费者对碳标记的积极反应并没有达到100%，因此，有必要确立强制性的碳标记立法，使所有的商品贴上被碳标记，人为加速碳标记的发展①。

---

① Hana Nyhof, Paul Hunt. Should we implement a mandatory carbon labelling scheme for all commodities? [EB/OL]. (2010-09-20) [2011-05-18]. http://www.critic.co.nz/articles/588.

强制性碳标记立法的好处是：消费者获得更多产品的碳信息，了解到所有产品的真实成本，包括经济成本和环境成本，因而作出更加科学的购物选择。

笔者认为，就目前碳标记自愿性立法取得的成果来看，没有必要再进行强制性立法。因为，自愿性是碳标记的突出优点，不仅可以调动企业的环保积极性，而且可以更加轻松地获得 WTO 合法性支持。而一旦确立碳标记强制性立法，则其相关规范更容易落入 TBT 协定的管辖范围，这无疑对碳标记获得 WTO 合法性产生障碍。另一方面，从环境治理的角度来看，如果碳标记确定强制性立法，则会产生第一代环境治理机制的缺陷，会有环境治理方式倒退之嫌，从而成为反对碳标记之人的话柄。

（2）碳标记的全球性统一立法

西方人认为，为了使发展中国家承担减排义务，其有必要承担标注产品碳足迹的责任，并且应当适用与减排国家同样的标准①。

这是一种极端的、不现实的观点。全球性立法不可以硬性实施，目前的世界格局没有为其提供实施的土壤。全球性立法必然会遭到发展中国家的反对。发展中国家在全球环境治理中已经承担了发达国家破坏环境的历史责任，这无疑是一种道德让步。发展中国家的经济实力和技术水平的局限性难以与发达国家适用同一套碳标记法律体系。与其争论碳标记是否有必要进行统一立法，不如解决发展中国家在经济上和技术上的实际问题，这更有利于碳标记在全球的均衡发展。

---

① Mridul Chadha. How about a global carbon labelling law［EB/OL］.（2009－03－29）［2011－05－16］. http：//redgreenandblue. org/2009/03/29/how-about-a-global-carbon-labelling-law/.

至少，站在碳标记发展的初级阶段角度，考虑到发达国家与发展中国家的现实差距，短期内实施全球性统一立法、要求所有国家实施碳标记是不现实的，也是没有必要的。除非未来发展中国家的经济实力提升到与发达国家相当的水平，则探讨碳标记的统一立法才颇具意义。

第四节

碳标记的实施

对碳标记的批判和质疑集中在其对国际贸易的限制。因为，强调信息公开与信息引导，可能会出现消费者购买当地货的行动，从而不利于国际贸易的自由发展。另外，一些学者认为，碳足迹确定技术主要掌握在发达国家手中，一旦发达国家抬高产品进口门槛，碳标记则成为一种技术贸易壁垒，会破坏技术市场的自由竞争，阻碍出口型国家的出口贸易。因此，解决发展中国家的技术困难，是推动碳标记发展的又一个重要课题。权利冲突与技术困难，是碳标记存在的两大难题。因此，有必要在消费者的知情权与国家贸易利益之间进行平衡。

一、平衡消费者知情权与国家贸易利益

碳标记与国际贸易的冲突和矛盾，从环境与贸易的关系上说，是消费者环境信息知情权与主权国家贸易利益（尤其是发展中国家）的矛盾；从意识形态上说，是长期以来消费者主权主义与家长管制主义之间根深蒂固的争论、冲突①。解决这种矛盾、冲突，需要用利益平衡的方

---

① Whitman James Q. Consumerism versus producerism: a study in comparative law [J]. Yale Law Journal, 2007 (117): 364 - 371.

法加以协调。既承认向消费者提供与所买产品环境含义相关信息的重要性，同时保护产品出口国的权利。也就是说，在标志的贸易效应与环境政策的合法目标及影响消费者购买决定的知情权之间寻求平衡。

碳标记机制是一种消费影响生产型机制，因此其实效环节是消费者的购买选择，而消费者决定购买选择时主要存在三组考虑因素及推理基础，即公私利益、主客观评价、域内外利益。因此，利益平衡必须遵循这三组利益的动态平衡。

1. 公共利益与纯私人利益之间的动态平衡

决定消费者选择的利益基础包括私人利益与公共利益。前者如个人的安全，后者更多地关注其他人的福利。有时，公共利益和私人利益是联系在一起的，如对人类共同的环境的关注。还有一种极端的“利他”情况，如对濒危物种的关注。消费者进行选择时，可能同时考虑上述利益。

2. 主观偏好与客观评析之间的动态平衡

消费者进行选择的推理基础既包括主观信仰和愿望，又包括根据可得的证据进行客观理性的评估。所以，消费者可能完全基于自身喜好来购物，比如有的人喜欢粉红色饮料，有的人惧怕危险食品，即使没有科学证据表明该食品存在危险。另外，消费者会分析信息，以免自身或他人承担受伤害或得病的风险。某些客观因素可以成为一个社会内部共同遵守的价值观或利益，例如，对基本人权的保护，禁止残酷对待动物等。

3. 地方效应、全球效应、域外效应之间的动态平衡

消费者容易被身边的利益所影响、所感染，不论该利益是私人的或是公共的，是主观的还是客观的。因此，消费者通常会考虑国内利益或地区利益。但是，消费者或许

也希望考虑域外利益。有时，这种域外利益是一个全球性利益，如气候变化或臭氧消耗、臭氧枯竭，既包含自身利益，也包含与自身利益相当的其他利益。有一些域外利益是纯粹利他的，如对生产国劳工待遇和保护生物多样性的关注。

利益平衡方法必须具有如下功能：① 保障合法目标的实现；② 保护消费者的选择；③ 避免对那些深受消费者选择影响的国家和地区造成不应有的损害；④ 保障自由贸易原则。

利益平衡方法应当是原则性的，但也能为个案所用。碳标记不仅是一款重要的规制技术和工具，它的重要性和适用范围可能会发展，给予消费者更多的信息，有利于市场更高效地运行。但是，给予消费者的信息必须有节制，以避免在生产国之间产生失衡的效果，以及维护 WTO 法所保护的权利和建立的原则，尤其是在有可能产生深远的跨境影响的领域内更要慎重，碳标记带来的市场准入条件的变化和对生产者征收的额外成本，对发展中国家的生产者影响尤为重大。

碳标记措施的设计尽量不要限制发展中国家的贸易，为发展中国家的经济增长预留更大的空间。因为发展中国家解决环境问题的主要困难是资金和技术不足，支付不起减排措施的高额成本。因此，只有提高这些国家的经济实力，才有可能从根本上发展其环境保护的措施。例如，将农作物的加工转移到发达国家①，发展中国家仅对其出口的初级农产品加注碳标记。这样做的好处是，可以缩短产

① Rural Economy, Land Use Programme. Comparative Merits of Consuming Vegetables Produced Locally and Overseas: Fair and Evidence-Based Carbon Labelling [EB/OL]. [2011—05—20]. http://www.relu.ac.uk/news/policy%20and%20practice%20notes/Edwards-Jones.pdf

品生命周期在发展中国家的阶段，使发展中国家仅对农作物种植、运输阶段的碳足迹负责。同时，由于初级农产品不及成品急需，因此可以采用更清洁的海运代替耗能大的空运，既有利于减少运输中的碳足迹，也为发展中国家的出口节省了成本，可谓平衡了环境保护与发展中国家经济利益。但是，必须认识到，这种思路的局限性非常大。

二、向发展中国家进行技术转让

目前，发展中国家根据《京都议定书》承担较轻的减排义务，这是其暂缓推行碳标记的合法理由。但是，发展中国家，尤其是中国、印度等发展中大国，面临着来自国际社会的舆论压力①，在这种压力下，发展中国家又不得不正视碳标记问题，将推行低碳减排技术提上日程。现阶段，碳足迹测量技术主要掌握在发达国家手中，技术困难是发展中国家推迟碳标记计划的客观原因。

突破发展中国家的技术难题可以从内外两方面入手。一方面发展中国家理应积极主动进行碳足迹测量的技术研发；另一方面，如果发达国家能够给予发展中国家技术支持，帮助发展中国家在更短时期内提高碳足迹测量技术水平，将解决发展中国家在碳标记技术上的燃眉之急。在碳标记实施初期，发达国家对发展中国家的技术转让和帮助不但能够提高发展中国家的碳标记技术水平，而且可以从根本上推动碳标记在全球的普遍实施。

---

① 据美国能源信息署（Energy Information Administration，EIA）统计，2004 年，发展中国家的碳排放已经超过了发达国家，并且呈上升趋势，到 2030 年，将超过发达国家 77%。据此，美国认为，环境污染的历史责任属于发达国家，但发展中国家则是当代的环境污染者。在发达国家积极努力减排的同时，发展中国家较为沉默。David Popp. International technology transfer，climate change，and the clean development mechanism［J］. Review of Environmental Economics and Policy，2011，5（1）：131.

1. 碳标记技术转让的原则

（1）等价交换

由于发达国家与发展中国家在技术信息领域的不对称性，发达国家的研发企业在出售碳足迹测量技术时，可以找出各种理由抬高价格，进行不等价交换。这对于经济实力较弱的发展中国家无疑是一种费用负担。如果技术转让的费用超出发展中国家或其企业的成本预算，则可能导致交易失败的后果。

当然，等价交换并非绝对的。如果研发企业基于技术市场行情的客观变化而抬高价格，并非绝对不合理。实际上，技术市场的行情往往受到能源价格和国家政策的影响。例如，20 世纪八九十年代，国际应对气候变化的技术曾经深受油价涨落的影响。对于研发低碳技术的企业来说，能源价格是一个敏感的话题。低碳技术的价格对能源价格的反应非常迅速，二者几乎同涨同落。造成这种现象的原因可能是，很多已经发明的专利被束之高阁，一旦市场发生了适于技术转让的新情况，研发企业则会提高对技术的法律保护，使其知识产品获得更高的交易价格①。又如，20 世纪 90 年代初期，欧盟和日本均实施了新的废物处理政策，用以强化废物处理的管理标准。在政策驱使之下，很多新炉窑替换了废渣处理的陈旧模式，并翻新了废渣存储站。而进入 21 世纪，应对气候变化，发展低碳经济已经成为各国国策，在这种政策目标之下，政府会鼓励新能源技术的研发和推广。照明技术、可再生能源技术、供暖技术以及水泥技术成为技术市场的新兴力量；而沼气

---

① Popp. Induced innovation and energy prices [J]. American Economic Review, 2002, 92 (1): 160.

技术、废物处理技术等的研发和转让则相对减少①。可见，不同时期的国家政策对技术市场的行情会产生不同的影响，从而影响到技术的研发和转让。

（2）转让核心技术

自后京都时代，低碳技术转让便在国际社会兴起，但是，发展中国家的低碳技术水平始终与发达国家存在较大的差距，处于跟从者的地位。造成这种局面的原因或许很多，但是不能排除国际技术转让存在的不公平现象，即发展中国家支付高额费用购买的并非发达国家的核心技术。为了避免这种不公平的交易的发生，碳足迹测量技术转让必须转让核心技术。例如，生命周期评价过程中的信息搜集以及数据提取等难点环节的技术。

（3）平衡双方利益需求

从发达国家研发企业的角度来说，碳足迹测量技术是其宝贵的智力成果，如果要求其根据发展中国家的需要对外转让，扩大其适用范围，则容易引起知识产权与公众需求之间的冲突。因此，碳足迹测量技术转让还需遵循一种平衡性，既保护研发企业的知识产权，同时满足发展中国家的技术需要。如果为了推广技术而无视企业的知识产权利益，则会打击企业研发的积极性，不利于碳足迹测量技术的进一步研发，从而阻碍碳标记的发展。

（4）跟踪服务

由于技术产品的科学技术性很高，具体操作在细节上很容易发生障碍，加之企业经营范围、在产品供应链中的位置、产品种类或需求量等差异，导致企业对碳足迹的不

① Antoine Dechezlepre tre，Matthieu Glachant，Ivan Hasc ic，et al. Invention and transfer of climate change - mitigation technologies：AGlobal Analysis［J］. Review of Environmental Economics and Policy，2011（5）：118.

同理解。因此，发达国家的研发企业将技术转让给发展中国家之后，要提供后续服务。双方需要保持长久的联系，直到发展中国家的企业真正掌握了碳足迹测量技术。跟踪服务的原则，是防止研发企业有意规避出售核心技术的有力手段。

2. 碳标记技术转让的方式

本节所探讨的技术转让的方式，是指碳标记测量技术从发达国家转移到发展中国家的基本途径和方式。

（1）销售方式

销售方式，是将碳足迹测量技术当作一种含有智力成果的货物，出售给发展中国家。比如，研发企业可以将碳足迹测量技术制成软件产品，出售给发展中国家的企业，使其直接通过计算机便可详细了解碳足迹生命周期测算的整个过程，包括样品选取、信息收集……直到最后检验步骤。

由于碳足迹测量技术可以应用于所有以“碳”为基础的措施，因此，进口碳足迹测量技术不但可以推动发展中国家加快实施碳标记的进程，而且有利于发展中国家提高能源效率，发展低碳产业，开发绿色生产。

目前，我国存在自我测算碳足迹的网络系统，输入个人生活用品信息，比如，开车时间或距离等，便可计算出个人生活消费的碳足迹。但是，计算方法比较粗糙。如果引进国际先进的碳足迹测算方法，则有利于我国人民更加清晰地了解个人碳足迹，对提高国民环保素质大有裨益。而且，国家可以利用碳足迹测量技术对物品以及人们日常消费活动进行更精确的监督。

（2）跨国公司内部转移

早在 20 世纪 90 年代，跨国公司已经开始通过其遍布全球的分支机构进行技术传播。低碳经济时代，有关碳标记在跨国公司内部转移也有例证。全球最大的零售商沃尔玛是低碳理念的先行者。2010 年，沃尔玛中国表示，不久将来，其商品将经过碳足迹测量并标注碳标记于商品上。乐购在英国市场已开始实施碳足迹和碳标记工作，已对 114 种产品标注了碳标记，涉及灯泡、牛奶、洗衣粉等①。

技术在跨国公司内部转移的好处是，保证了技术的准确性。跨国公司的母子公司在经营理念、经营策略和企业文化等方面具有传承性与关联性，考虑到技术转让的风险性，与其将碳足迹测量技术转让给无关的第三方，母公司更愿意将其转让给子公司，并且对转让的技术会更加负责。

（3）许可方式

发达国家的研发企业，可以通过与发展中国家的企业签订碳足迹计算的许可合同，允许其碳足迹测量技术在海外的合法使用，这是一种最直接的技术转让方式。

为了平衡双方利益，建议碳足迹技术许可采用独家许可方式，即许可方和被许可方均可以使用碳足迹测量技术，而对第三方具有排他性。这种许可方式的好处是，许可费用适中，市场风险较小。如果采用独占许可，虽然被许可方可以独自使用碳足迹测量技术，市场风险最小，但是许可费用高，发展中国家的企业往往负担不起。

一个值得探讨的问题是，碳足迹测量技术涉及对空气质量的保护，空气也是一种重要的涉及公共利益的资源，是否符合 TRIPs 协议第 31 条有关强制许可的规定？TRIPs 协议第 31 条虽然规定了一系列国家实施强制许可的条件和程序，但是并没有限定国家实施强制许可的理由。“清

---

① 熊海鸥．沃尔玛将推低碳商品标注［N/OL］．北京商报．（2010－01－12）［2011－05－20］．http：//money．163．com/10/0112/03/5SQ0QTLM00253B0H．html．

洁的空气”属于“公共利益”的范畴，低碳减排、应对气候变化可以成为国家实施强制许可的合法理由①。

为了使知识产权不成为碳足迹测量技术创新和传播的障碍，发展中国家在国内专利法中应当扩大低碳技术强制许可的范围，并且利用 TRIPs 协议中强制许可这一有利工具，与发达国家在技术转让方面争夺话语权。

（4）国际合作

碳足迹测量技术的国际合作，包括政府间的合作以及企业之间的合作。这两方面的合作在碳标记的实践中均有体现。

2009 年 10 月，韩国、英国签署了碳标记计划谅解备忘录。该协议简化了韩国企业在英国申请碳标记认证的程序，英国 Carbon Trust 将验证业务授权韩国环境产业技术院代办，这将节省韩国出口产品碳标记认证费用 2000 万韩元。②

企业之间的合作则更为普遍。Carbon Trust 2008 年春季的探讨会的目标是，建立国际化可应用的产品碳减排体系。根据该目标，Carbon Trust 十分欢迎各国企业与其合作，参与其碳足迹测量的研发和推广工作。目前，Carbon Trust 已经为这个目标不断努力，成果颇佳。如上文中提到的，Carbon Trust 经由环保组织 Planet Ark 向澳大利亚零售商 ALDI 转移碳足迹测量技术。Carbon Trust 将与更多国家的企业合作，推动碳足迹测量技术的国际化。

有学者建议，成立一个多边技术基金 MTF（Multilat-

① Climate change，technology transfer and intellectual property rights [P/OL]. Switzerland：ICTSD，2008，8：7. [2011－05－11]. http：//www. ictsd. org/.

② Carbon labelling program expanded [EB/OL]. [2011－05－11]. www. carbontrust. co. uk/news/press-centre/2009/pages/carbon-trust-work-with-korea. aspx.

eral Technology Fund)，促进技术向发展中国家转移①。因为一些发展中国家，如孟加拉、赞比亚等国，不具备吸引海外私人投资的国内环境，无法通过外商直接投资（FDI）的方式获得碳足迹测量等低碳技术，所以此类发展中国家更希望一个类似于多边投资基金（MIF）的国际基金组织诞生，通过获得技术援助的方式提高国内低碳技术水平，从而间接改善其国内投资环境。

---

① Karen Ellis，Nicola Cantore，Jodie Keane，et al. Growth in a carbon constrained global economy［R/OL］. Overseas Development Institute，August 2010：19. ［2011－05－20］. http：//www. dfid. gov. uk/r4d/PDF/Outputs/ClimateChange/60742－4984. pdf.

结　论

气候变化，能源短缺，使低碳经济成为很多国家的新兴发展战略。进入到国际经济与贸易领域的低碳经济措施和低碳产品必然受到 WTO 规则制约，同时也能够得到 WTO 规则的激励、鼓励。

随着国际社会环境保护和发展低碳经济的需要，碳关税、低碳补贴、碳标记等低碳经济措施在 WTO 中获得正当性的前提是“相同产品”的界定标准。WTO“相同产品”的界定标准在传统的物理属性基础上，引入环境因素，表现为 PPMs 标准及最新的碳含量标准。一旦碳含量成为“相同产品”的界定标准，低碳税收、低碳补贴等保护环境的贸易措施在 WTO 中的合法性将被重新评估。这会引起 WTO 理论、规则及实践层面的变化，是国际贸易与环境保护领域值得探讨的新问题。

在当前的国际贸易和 WTO 法律环境下，GATT 第 20 条仍然是低碳经济措施在 WTO 法中获得正当性的主要法律依据。通过对泰国香烟案、欧共体牛肉荷尔蒙案、欧共体石棉案、巴西翻新轮胎案、美国赌博案等五个案例的报告解读，发现“必需”例外的内涵不断扩大，“必需”标准的适用逐渐宽松。这种变化、发展有利于环境保护，有利于低碳经济的发展。目前，WTO 准司法机制裁判“必需”的方法是一种综合性的“权衡与平衡”方法，该方法对受审措施保护的利益价值、措施的实施方式、措施对目标的促进作用、措施对贸易的限制程度等一系列因素和影响进行综合评价和考量，给予专家组和上诉机构很大的自由裁量权。实践中，WTO 的裁判机构会根据措施所保护的利益的价值层级来判断其正当性。通常，环境、人权等价值要高于经济利益价值，这对于发展低碳经济，抵制低碳贸易壁垒至关重要。

碳关税是一种基于碳税的边境调节税。根据经济学原理和环境治理理论，碳关税具有使环境成本内化的功能，这是碳关税制度的理论根据。碳关税能否被实际征收会受到大国政治博弈及经济较量的影响。鉴于碳关税的合法性存在争议、国际地位处于博弈状态、实施方式尚无定论的局面，我国应当审时度势，把握自己在碳关税问题上的立场和对策：我国自己征收碳关税，防止税收外流，并且在国际谈判中争取话语权，拖延碳关税的使用。

税收优惠，包括直接税优惠和间接税优惠，是一种间接补贴，具有隐蔽性和灵活性的特点，对发展低碳经济大有裨益，也易于落入 WTO 所禁止或限制的补贴中。所得税是一种直接税，有可能适用于 GATT 第 3 条。理由是所得税即使不是 GATT 第 3.2 条规定的“国内税”，只要其“影响”国内产品的“销售、标价出售、购买、运输、分销或使用”，则可以成为 3.4 条的“国内法规”。因此，所得税措施可能属于 GATT 第 3 条的管辖范围。这个结论的意义在于，突破了 GATT/WTO 规则只适用于货物税（间接税）的传统理论，所得税（直接税）也可以适用 GATT/WTO 规则对一般税收的规定。

低碳补贴将成为新能源竞争的经常性措施。我国是转型经济国家，税收优惠、低息贷款等是支持低碳经济的重要手段。近年来，我国被诉的补贴案件激增，并且呈现出一反（反倾销）—双反（反倾销 + 反补贴）—三反（反倾销、反补贴、反不正当竞争）的趋势。我国的应对策略可以包括：避免补贴的专向性，不是补贴特定的产业或者行业，例如补贴中小企业；可以补贴低碳产品的研发者、科研机构，而不是补贴生产企业，因为对科研的补贴是允许补贴；可以通过与政府或公共机构联系不大的私营机构授予补贴，从主体角度规避 WTO 所禁止的补贴；还可以通过错综复杂的法规层级设计补贴方案，或者通过灵活多样的方式进行利益授予，增强补贴调查与举证的难度。在未来的补贴方式中，进口替代补贴将增多。公共机构的模糊定性和利益授予的灵活性是低息贷款补贴的独特之处，也是发展低碳经济可利用之处。

我国可以从企业、产业以及技术三方面构建自己的低碳补贴制度。对企业的补贴要针对企业的生产过程、产品销售或出口、研发项目等给予不同程度的补贴。对于产业，政府要根据产业结构调整的需要、地区差异而给予不同补贴，尤其是要抓紧对低碳产业园区进行补贴，以便加速低碳技术研发进度。此外，我国还要对节约能源技术、低碳能源技术以及碳捕获及存储技术给予补贴。对技术的补贴可以借鉴和学习国外先进经验。

碳标记是一种新兴的环境标记，通过在产品上标注碳信息，引导消费者进行低碳消费，从而影响生产者的生产策略和经营者的经营模式。碳标记以碳足迹为内容，碳足迹的计算方法有两种：生命周期评价方法和食物里程方法。相比之下，食物里程有失公平，因此碳足迹的通常计算方法是生命周期评价方法。与传统的命令控制模式和市场机制相比，碳标记具有更加透明、更加民主的特点。与碳关税、补贴等低碳经济措施相比，碳标记规定多在任意性规范当中，没有强制性立法，这使碳标记与 WTO 规则的冲突较小。国际上，碳标记具有丰富的政府、企业实践。消费者对碳标记的反应良好，使碳标记这种自愿性机制发挥实效具有了现实基础。

碳标记的实施，对国际贸易具有不可抵挡的影响。碳标记会影响到出口产品的结构和产业供应链，会影响到货物运输方式和运输工具对燃料的选择。随着碳标记的推广，技术贸易在国际贸易中的比重会增加。因此，平衡碳标记对国际贸易的冲击，要在公益与私益之间、主观偏好与客观评析之间，以及地方效应、全球效应、域外效应之间寻求动态平衡。此外，发展中国家的技术困难是碳标记实施过程中的主要障碍。因此，发达国家要有原则、有方法地对发展中国家进行技术转让。具体原则包括等价交换、转让核心技术、平衡双方利益需求以及跟踪服务。标记技术转让的具体方式可以是销售、跨国公司内部转移、许可和国际合作。

碳标记、碳关税和补贴，都可以在 WTO 中找到合法依据，又同时受到 WTO 法的约束。所以，WTO 对低碳经济既有约束又有激励，可谓是一把双刃剑！我国要利用国际社会对气候变化和低碳经济的博弈，参与其中，打造中国的低碳经济话语权，使中国的低碳经济措施能够在国际贸易中行得通。

参考文献

一、中文著作

[1] 曹荣湘. 全球大变暖：气候经济、政治与伦理［M］. 北京：社会科学文献出版社，2010.

[2] 史新峰. 气候变化与低碳经济［M］. 北京：中国水利水电出版社，2010.

[3] 安东尼·吉登斯. 气候变化的政治［M］. 曹荣湘，译. 北京：社会科学文献出版社，2009.

[4] 大卫·希尔曼，约瑟夫·韦恩·史密斯. 气候变化的挑战与民主的失灵［M］. 武锡申，李楠，译. 北京：社会科学文献出版社，2009.

[5] 金乐琴. 低碳经济发展：市场失灵与产业政策创新［M］. 北京：中国环境科学出版社，2009.

[6] 陈德敏. 环境法原理专论［M］. 北京：法律出版社，2009.

[7] 世界贸易组织法律事务部. WTO 争端解决案件概要（1995—2007）［M］. 朱榄叶，译. 北京：法律出版社，2009.

[8] 莫神星. 节能减排机制法律政策研究［M］. 北京：中国时代经济出版社，2008.

[9] 帕特莎·波尼，艾伦·波义尔. 国际法与环境［M］. 那力，王彦志，王小钢，译. 北京：高等教育出版社，2007.

[10] 陈立虎．当代国际贸易法［M］．北京：法律出版社，2007.

[11] 那力．国际环境法［M］．北京：科学出版社，2005.

[12] 那力，何志鹏，王彦志．WTO 与公共健康［M］．北京：清华大学出版社，2005.

[13] 李本．补贴与反补贴制度分析［M］．北京：北京大学出版社，2005.

[14] 甘瑛．国际货物贸易中的补贴与反补贴问题研究［M］．北京：法律出版社，2005.

[15] 胡涛，国冬梅，吴玉萍．WTO 与生态标志［M］．北京：中国环境科学出版社，2005.

[16] 朱榄叶．世界贸易组织国际贸易纠纷案例评析（1995—2002）：上册［M］．北京：法律出版社，2004.

[17] 吴继霞．当代环境管理的理念建构［M］．北京：中国人民大学出版社，2003.

[18] 伊迪丝·布朗·韦斯，斯蒂芬·C. 麦卡弗里，丹尼尔·巴斯托·马格端．国际环境法律与政策［M］．北京：中信出版社，2003.

[19] 赵细康．环境保护与产业国际竞争力：理论与实证分析［M］．北京：中国社会科学出版社，2003.

[20] 王传丽．国际贸易法［M］．北京：中国政法大学出版社，2003.

[21] 申进忠．WTO 协调环境与贸易关系的理论与实践［M］．北京：中国法制出版社，2003.

[22] 韩立余．WTO 案例及评析［M］．北京：中国人民大学出版社，2002.

[23] 那力，何志鹏．WTO 与环境保护［M］．长春：吉林人民出版社，2002.

[24] 徐淑萍．贸易与环境的法律问题研究［M］．武汉：武汉

大学出版社，2002.

[25] 夏青，于洁．环境标志［M］．北京：中国环境科学出版社，2002.

[26] 约翰·H. 杰克逊．世界贸易体制［M］．张乃根，译．上海：复旦大学出版社，2001.

[27] 石广生．中国加入世界贸易组织知识读本：二［M］．北京：人民出版社，2001.

[28] 陈安．国际经济法学［M］．北京：北京大学出版社，2000.

[29] 亚历山大·基斯．国际环境法［M］．张若思，译．北京：法律出版社，2000.

二、中文期刊

[1] 牟文义．WTO 对“相同产品”认定是否要引入 PPMs 标准［J］．对外经贸实务，2009（2）：36－38.

[2] 孙法柏．相同产品与环境影响：以 GATT 第 3 条为核心［C］//环境法治与建设和谐社会：全国环境资源法学研讨会（年会）论文集：第四册，2007.

[3] 徐忆斌．“特征与比较”抑或“目的与效果”：GATT 第 3 条“同类产品”认定标准之探证［J］．求索，2007（6）：108－110.

[4] 黄辉．PPMs 标准与 WTO 规则的关系解析［J］．亚太经济，2006（5）：42－45.

[5] 那力，李海英．WTO 框架中的 PPMs 问题［J］．法学论坛，2002（4）：40－45.

[6] 刘瑛．GATT 第 20 条（a）款公共道德例外条款之研究：以“中美出版物和视听产品案”为视角［J］．法商研究，2010（4）：32－41.

[7] 龚柏华．“中美出版物市场准入 WTO 案”援引 GATT 第 20 条“公共道德例外”的法律分析［J］．世界贸易组织动态

与研究，2009（10）：30－37.

[8] 全小莲，郑维炜．适用GATT第20条（d）款第一案：韩国牛肉案［J］．学理论，2009（4）：77－79.

[9] 刘勇，朱瑜．试论WTO法律框架内GATT第20条适用的若干可能性：以WTO与环保措施有关的争端解决实践为依据［J］．国际经贸探索，2002（3）：23－26.

[10] 曾令良，陈卫东．论WTO一般例外条款（GATT第20条）与我国应有的对策［J］．法学论坛，2001（4）：32－49.

[11] 刘天姿，陈彬．"碳关税"措施在GATT/WTO体制中的合法性研究［J］．国际经贸探索，2011（4）：34－39.

[12] 张曙霄，郭沛．"碳关税"的两重性分析［J］．经济学家，2010（12）：35－41.

[13] 马其家．碳关税及中国的应对策略研究［J］．社会科学战线，2010（11）：173－177.

[14] 梁咏．WTO框架下碳关税可能引致的贸易争端与解决［J］．法学，2010（7）：76－84.

[15] 李传轩．应对气候变化的碳税立法框架研究［J］．法学杂志，2010（6）：20－22.

[16] 王慧．美国气候安全法中的碳关税条款及其对我国的影响：兼论我国的诉讼对策［J］．法商研究，2010（5）：21－30.

[17] 黄晓凤．"碳关税"壁垒对我国高碳产业的影响及应对策略［J］．经济纵横，2010（3）：49－51.

[18] 郭毅，张硕．碳关税：责任督促还是贸易壁垒［J］．WTO经济导刊，2009（9）：76－77.

[19] 夏先良．碳关税、低碳经济和中美贸易再平衡［J］．国际贸易，2009（11）：37－45.

[20] 李威．碳关税的国际法与国际机制研究［J］．国际政治研究，2009（4）：40－54.

[21] 龚柏华. WTO 有关禁止性出口补贴规则研究：以中美“知名品牌产品出口补贴”WTO 磋商案为视角［J］. 国际商务研究，2010（2）：44－50.
[22] 曹明德，王慧. 从 GATT 第20 条的解释看环境税的合法性［J］. 学习与探索，2010（5）：132－136.
[23] 彭岳. 中、美、墨三国税收补贴争端的法律分析［J］. 法商研究，2008（2）：8－16.
[24] 龙英锋. 美国“DISC”、“FSC”、“ETI”税收案的启示［J］. 税务与经济，2008（1）：83－86.
[25] 龙英锋. SCM 协议中的国内税问题研究［J］. 涉外税务，2005（11）：43－47.
[26] 张玉卿. 如何理解 DSU 的磋商：FSC 案对“可获证据陈述的争论与裁决［J］. WTO 经济导刊，2005（6）：72－74.
[27] 李本. WTO 环境补贴政策的未来发展及中国的因应之策［J］. 华东师范大学学报：哲学社会科学版，2008（3）：87－92.
[28] 李本. WTO 环境补贴政策发展与 PPP 原则关系索隐［J］. 国际经贸探索，2008（6）：61－64.
[29] 朱庆华. SCM 协议不可诉补贴条款简析［J］. 世界贸易组织动态与研究，2007（2）：33－36.
[30] 姜双林. 欧盟农业环境补贴法律制度的嬗变及其对中国的启示［J］. 法治研究，2008（6）：3－9.
[31] 姚爱萍. 环境补贴对国际贸易的影响及我国应采取的对策［J］. 世界贸易组织动态与研究，2005（4）：29－32.
[32] 朱榄叶. 政府与企业共同面对：中国面临的补贴与反补贴问题研究［J］. 国际贸易，2005（4）：35－38.
[33] 欧福永，熊之才. 我国加入 WTO 后补贴与反补贴问题法律对策研究［J］. 法制与社会发展，2001（4）：84－93.
[34] 杜群，王兆平. 国外碳标识制度及其对我国的启示［J］.

中国政法大学学报，2011（1）：68－79.
[35] 帅传敏，吕婕，陈艳．食物里程和碳标签对世界农产品贸易影响的初探［J］．对外经贸实务，2011（2）：39－41.
[36] 许蔚．碳标签：国际贸易壁垒的新趋势［J］．经济研究导刊，2011（10）：170－171.
[37] 陈建国．环境标志与国际贸易规则［J］．国际贸易问题，2002（4）：44－47.

三、中文学位论文

[1] 薛狄．国际法对生物燃料问题的多维规制［D］．长春：吉林大学，2010.
[2] 林惠玲．美国反补贴实体法律实施问题研究［D］．上海：华东政法大学，2010.
[3] 王慧．环境税合法性研究［D］．重庆：西南政法大学，2009.
[4] 甘瑛．国际货物贸易中的补贴与反补贴法律问题研究［D］．厦门：厦门大学，2003.
[5] 李响．“碳关税”合法性分析及中国的对策［D］．北京：外交学院，2010.
[6] 田红莲．基于低碳经济的中国碳税实施研究［D］．天津：天津大学，2010.
[7] 张贵萍．国外对华产品适用反补贴调查的法律思考［D］．重庆：西南政法大学，2009.
[8] 段玉娟．论《关税与贸易总协定》第三条中“同类产品”的认定标准［D］．北京：中国政法大学，2008.
[9] 蔡静．公众获得环境信息权利的国际法研究［D］．北京：中国政法大学，2006.
[10] 王莹．石棉案分析：GATT 第 20 条、TBT 协议与公共健康［D］．吉林大学，2004.

四、英文著作

［1］ Bradly J Condon. Environmental sovereignty and the WTO: Trade Sanctions and International Law ［M］. New York: Transnational Publishers, 2006.

［2］ Horn H, Petros C Mavroidis. The WTO Case Law of 2003 ［M］. Cambridge: Cambridge University Press, 2006.

［3］ John H Jackson Legal problems of international economic relations ［M］. 4th ed. Minnesota: West Group Press, 2007.

［4］ John H Jackson The jurisprudence of GATT and the WTO: insights on Treaty Law and economic relations ［M］. Beijing: Higher Education Press, 2002.

［5］ Lang Michael, Judith Herdin, Ines Hofbauer. WTO and direct taxation ［M］. Kluwer Law International, 2005.

［6］ Pigou A C. A study in public finance ［M］. 3rd ed. London: Macmillan, 1928.

［7］ Rubini Luca. The definition of subsidy and state aid ［M］. Oxford: Oxford University Press, 2009.

［8］ Roosa Stephen A, Arun G Jhaveri. Carbon reduction: politics, strategies, and technologies ［M］. Lilburn: The Fairmont Press, 2009.

［9］ Sim Stuart. The carbon footprint wars: what might happen if we retreat from globalization? ［M］. Edinburgh: Edinburgh University Press, 2009.

［10］ Sampson, Whalley. Trade and environment ［M］. Cheltenham: Edward Elgar Publishing, 2005.

［11］ Sunstein Cass R. Laws of fear: beyond the precautionary principle ［M］. Cambridge: Cambridge University Press, 2005.

五、英文论文

［1］ Ahn Dukgeun, Jieun Lee. Countervailing duty against China:

opening a Pandora' s box in the WTO system? [J]. Journal of International Economic Law, 2011, 14 (2): 329.

[2] Brenton Paul, Gareth Edwards-Jones, Michael Friis Jensen. Carbon labelling and low-income country exports: a review of the development issues [J]. Development Policy Review, 2009, 27 (3): 243 - 268.

[3] Bradly J Condon. Climate change and unresolved issues in WTO law [J]. Journal of International Economic Law, 2009, 12 (4): 927.

[4] Cheyne Ilona. Proportionality, proximity and environmental labelling in WTO law [J]. Journal of International Economic Law, 2009, 12 (4): 927.

[5] Charnovitz Stev. The WTO' s environmental progress [J]. Journal of International Economic Law, 2007, 10 (3): 685.

[6] Caharnovitz Stev The law of environmental PPMs in the WTO: debunking the myth of illegality. Yale Journal of International Law, 2002, 27 (1): 59.

[7] Du Ming Michael. Autonomy in setting appropriate level of protection under the WTO law: rhetoric or reality? [J]. Journal of International Economic Law, 2011, 3 (4): 107.

[8] Green Andrew, Tracey Epps. The WTO, science, and the environment: moving towards consistency [J]. Journal of International Economic Law, 2007, 10 (2): 285.

[9] Green Andrew. Climate change, regulatory policy and the WTO: how constraining are trade rules? [J]. Journal of International Economic Law, 2005, 8 (1): 143.

[10] Hurtado Carlos Lopez. Social labelling and WTO law [J]. Journal of International Economic Law, 2002, 5 (3): 719.

[11] Horlick Gary N, Peggy A Clarke. WTO subsidies discipline

during and after the crisis [J]. Journal of International Economic Law, 2010, 13 (3): 859.

[12] Kapterian Gisele. A critique of the WTO jurisprudence on necessary [J]. International and Comparative Law Quarterly, 2010, 59 (1): 89.

[13] Moon Gillian. Trade and equality: a relationship to discover [J]. Journal of International Economic Law, 2009, 12 (3): 617.

[14] McGrady Benn. Necessity exceptions in WTO law: retreaded tyres, regulatory purpose and cumulative regulatory measures [J]. Journal of International Economic Law, 2009, 12 (1): 163.

[15] O'Neil Stacey R. Consuming for the Environment: a proposal for carbon labels in the United States [J]. California Western International Law Journal, 2009, 39 (2): 393.

[16] Popp David. International technology transfer, climate change, and the clean development mechanism [J]. Review of Environmental Economics and Policy, 2011, 5 (1).

[17] Ponting Cerys. Will carbon eco-labelling engender a new generation of eco-warriors? [C]. IOP Conf. Series: Earth and Environmental Science , 2009, 6 (26).

[18] Regan Donald H. The meaning of "necessary" in GATT Article XX and GATS Article XIV: The myth of cost-benefit balancing [J]. World Trade Review, 2007, 6 (3): 347.

[19] Reinhard, Quick, Christian Lau. Environmentally motivated tax distinc- tions and WTO law: the European Commission's Green Paper on integrated product policy in light of the "like product" and "PPM" debates [J]. Journal of International Economic Law, 2003, 6 (2): 419.

[20] Slater Valerie A, Lisa W Ross. Judicial review of the International Trade Commission's determinations in antidumping and countervailing duty pro-ceedings: an overview of decisions in 2006 [J]. Georgetown Journal of International Law, 2007: 39 (1): 69 - 104.

[21] Vranes Erich. The WTO and regulatory freedom: WTO disciplines on market access, non-discrimination and domestic regulation relating to trade in goods and services [J]. Journal of International Economic Law, 2009, 12 (4): 953.

[22] Weiler J H H. Comment on Brazil - Retreaded tyres [J]. World Trade Review, 2009, 8 (1).

[23] Zhao Yuhong. Trade and environment: challenges after China's WTO accession [J]. Columbia Journal of Environmental Law, 2007 (7): 41 - 98.

六、WTO (GATT) 案例报告

[1] GATT Panel Report. Thailand: Restrictions on importation of and internal taxes on cigarettes (Thailand: Cigarettes) [Z]. BISD 37S/200, 223, adopted on 7 November 1990.

[2] WTO Appellate Body Report. United States: Standards for reformulated and conventional gasoline (US: Gasoline) [Z]. WT/DS2/AB/R, adopted on 20 May 1996.

[3] WTO Appellate Body Report. United States: Import prohibition of certain shrimp and shrimp products (US: Shrimp) [Z]. WT/DS58/AB/R, adopted on 6 November 1998.

[4] WTO Appellate Body Report. Korea: Measures affecting imports of fresh, chilled and frozen beef (Korea: Beef) [Z]. WT/DS/161/AB/R, adopted on 11 December 2000.

[5] WTO Appellate Body Report. United States: Tax treatment for "foreign sales corporations" (US: FSC) [Z]. WT/DS108/

AB/R, adopted on 20 March 2000.

[6] WTO Appellate Body Report. European Communities: Measures affecting asbestos and asbestos-containing products (EC: Asbestos) [Z]. WT/DS135/AB/R, adopted on 5 April 2001.

[7] WTO Appellate Body Report. United States: Measures affecting the cross-border supply of gambling and betting services (US-Gambling) [Z]. WT/DS285/AB/R, adopted on 20 April 2005.

[8] WTO Appellate Body Report. Brazil: Measures affecting Imports of retreaded tyres (Brazil: Retreaded Tyres) [Z]. WT/DS332/AB/R, adopted on 3 Decemeber 2007.

[9] WTO Appellate Body Report. United States: Definitive anty-dumping and countervailing duties on certain products from China (US: AD/CVD on China) [Z]. WT/DS379/AB/R, adopted on 11 March 2011.

后 记

本书选择“WTO规则对低碳经济的约束和激励”这一主题既与WTO规则有关，又与低碳经济相联。WTO是世界贸易的框架，低碳经济是方兴未艾的经济形式和发展战略，二者必然在相关的贸易、经济、法律领域发生对接、交集、碰撞、冲突、协调乃至互相改变。对此进行探索、研究当然是一件很有意义，也很有新意的事情。

蕴涵在主题之下的重大问题——相同产品与GATT第20条一般例外的新发展、碳关税、税收优惠补贴以及碳标记，是各国在支持、发展低碳经济时已经遇到的或者将会遇到的问题。这些问题在一定意义上都是新问题，都需要探索，都值得研究，都既有理论意义，甚至有理论开拓性意义，又有实践意义。

WTO对非贸易价值的保护与平衡，集中体现在GATT第20条里。近年来，通过司法判例和解释，第20条例外有了很大变化。“必需”（necessary）的标准逐渐放宽，从“无可替代”到“可以存在补充性措施”，这表明WTO对环境、资源保护越来越宽容，越来越重视。这种变化为碳关税的实施提供了更加宽松的法律依据，这是WTO对低碳经济措施的鼓励。但是，碳关税一旦征收，将沉重打击发展中国家的出口，我国将成为最大的打击对象。我国要反对碳关税、要拖延其实施，也可以在WTO中找到约束碳关税的法律根据。

与此相反，我国发展低碳经济使用了大量的所得税优惠措施，极易构成禁止或可诉性补贴。可以采用的诉讼策略是：可以利用环境补贴或 GATT 第 20 条为所得税优惠措施进行正当性辩护。如果败诉，可以在执行问题上大做文章。因为，报复机制在所得税案件上是一个症结。所得税案件败诉，需要败诉方修改政策法律。传统的针对产品或部门的贸易报复在所得税问题上是行不通的。补贴问题在本书中属于难点问题，涉及很多经济学和税收原理，这是笔者在理论方面的薄弱之处。相对于碳关税与补贴，碳标记似乎更容易在 WTO 法之下获得正当性。因为目前的碳标记是自愿性机制，可以规避 WTO 对强制性法规的约束。

本书第二至第五章选取的问题以及本书的立意，都是笔者综合博士研究生在读期间的学习、研究心得和成果，在导师那力教授的指导下确定的。笔者阅读了国内外的大量的学术论著、司法判例等，从中学到了很多东西——不论是实体性的知识内容，还是研究方法和思路的开拓。可以说，本书是在博士论文的基础上修订而成的。在此感谢我的导师那力教授，是她引领我走上了国际经济法，尤其是 WTO 法研究之路。那力教授治学严谨，勤奋踏实，总能敏锐而深刻地把握最前沿的法学理论，以她开阔的研究视野为我们展开一幅幅精彩的法学画卷。

感谢东北大学文法学院，正是由于在此进行教学科研，本书才得以顺利出版。在东北大学文法学院工作已两年多，这里为我提供了实现自己理想的平台。感谢文法学院张雷院长、杨建春书记，感谢我的系主任周实教授，感谢法学系隋军老师以及其他同事对我的支持和关照，他们在本书写作期间为我提供了很多便利。

最后要感谢我的父母、公婆和丈夫，他们理解我的难处，肯定我的执着，宽容我的缺点，在生活上给我关心，在精神上给我鼓励。本书得以出版也有他们的功劳和汗水！

王 淼

2014 年 4 月于沈阳